中国预算制度研究

ZHONGGUOYUSUAN
ZHIDUYANJIU

刘馨宇｜著

中国政法大学出版社

2024·北京

图书在版编目（ＣＩＰ）数据

中国预算制度研究 / 刘馨宇著. -- 北京 ： 中国政
法大学出版社，2024. 6. -- ISBN 978-7-5764-1585-8

Ⅰ. F812.3

中国国家版本馆 CIP 数据核字第 20247JX750 号

出 版 者　　中国政法大学出版社

地　　址　　北京市海淀区西土城路 25 号

邮寄地址　　北京 100088 信箱 8034 分箱　　邮编 100088

网　　址　　http://www.cuplpress.com (网络实名：中国政法大学出版社)

电　　话　　010-58908586(编辑部) 58908334(邮购部)

编辑邮箱　　zhengfadch@126.com

承　　印　　固安华明印业有限公司

开　　本　　720mm×960mm　　1/16

印　　张　　11.75

字　　数　　200 千字

版　　次　　2024 年 6 月第 1 版

印　　次　　2024 年 6 月第 1 次印刷

定　　价　　59.00 元

目 录

表目录

图目录

导　论

　　预算是规范政府财政收支行为的依据，但预算的价值远不限于账本的功能。"预算从来就不是一个简单的技术问题，而是一个国家重大的政治问题。"[1]事实上，现代预算最核心的功能即是控权的民主功能。预算是帮助人民规范和管理政府最为有效的工具。

　　预算从产生之初就与现代民主制度密不可分。现代民主制度产生和发展的历史就是围绕着争夺预算权的归属所展开的。预算的产生与发展的背景奠定了预算的民主底色。在现代预算理论中，人民是委托人，使用国家财政的公权力是受托人，人民赋予其支配国家财政的权力，公权力必须按照人民委托的内容和方式满足社会公众需要。由于任何国家机关的运行均离不开财政支持，财政支持的数量、范围、方式等直接影响权力运行方式，因此几乎可以说控制财政是控制公权力的最佳途径。"掌握国库的权力可以被认为是最完善和最有效的武器，任何宪法利用这种武器，就能把人民的直接代表武装起来，纠正一切偏差，实行一切正当有益的措施。"[2]

　　中华人民共和国成立初期，由于实行计划经济，我国在较长时间内没有真正意义上的预算。我国现行《宪法》[3]制定于1982年，其并未详细规定财政问题。受计划经济的影响，我国1994年制定的第一部《预算法》在立法宗旨上与现代预算理念不符，当时的预算主要被当作政府管理财政活动的

────────────

〔1〕 马骏等：《公共预算：比较研究》，中央编译出版社2011年版，第1页。

〔2〕 ［美］汉密尔顿等：《联邦党人文集》，程逢如等译，商务印书馆1980年版，第297~298页。

〔3〕 《宪法》，即《中华人民共和国宪法》。为表述方便，本书中涉及法律文件均省略"中华人民共和国"字样，全书统一，后不赘述。

工具。2014 年《预算法》[1]修正后，我国的预算理念进步巨大，预算从政府治理工具变为人民治理国家和监督政府的工具。这标志着我国正式迈向了现代预算国家。

然而，我国进入现代预算的时间较短，预算制度还需完善，预算领域立法尚需健全，专门法律仅有一部规范预算整体情况的《预算法》。而《预算法》对预算编制、审批、执行、调整、监督等预算活动的规定仍然过于概括。对政府举借债务、央地财政收入分配和转移支付等重点财政活动均无专门立法。此外，当前我国预算制度的具体规范往往以国务院制定的行政法规、部门规章，甚至行政性规范文件等效力等级较低的文件形式作出。预算法律制度的缺乏导致预算实践中权力不规范运行的情况多有发生。未来进一步深化预算管理体制改革的重中之重应当是构建起科学完整的预算法律体系，使得预算全过程中的所有财政收支行为有法可依。不仅如此，这些规范预算行为的法律还应当是符合宪法的良法，换言之，未来在预算领域的立法方向不仅是要实现预算法制，更应当致力于实现预算法治。

预算绝不仅仅是政府的"钱袋子"，对于民主合法性和公民基本权利更具有重要的宪法意义。由于几乎所有行政活动都离不开财政支持，因而控制财政是控制行政的最有效手段。预算的发达程度在很大程度上反映了国家的民主合法化程度，对预算研究的本质就是立法机关约束行政机关的民主合法性研究。

民主与法治是现代国家不可或缺的基因。由于国家的绝大部分活动均需要财政支持，因此对财政权的控制基本意味着对公权力的约束和监督，而预算管理是国家财政治理的核心部分。预算的实质是通过收支计划来控制、监督、规范政府的预算行为。预算制度的完善对我国向现代预算国家转型具有不可替代的重要意义。

预算制度包括预算的编制、审批、执行、调整和监督等过程，尤其以预算审批为重。无论从理论上的合理性还是从各发达国家的经验来看，预算的

---

[1] 2018 年《预算法》再次修正，但只修改了第 88 条 1 款，故本书以 2014 年《预算法》为分析对象。

审批权都毫无疑问应归立法机关所有。预算的调整发生在预算执行中出现特殊情况导致实际收入或支出无法与预算计划一致时，需要对原预算进行调整。可见，预算调整审批的实质内容与预算审批一致，故预算调整的审批权也应在立法机关。由于行政机关对实际财政收入支出情况更为了解，因此预算的编制和执行权由行政机关掌握。同时，行政机关的行为需要随时接受立法机关的全面监督。可见，预算制度中的不同权力归属不同，预算过程需要立法机关和行政机关分工合作，预算的根本目的要求行政机关接受立法机关的严格监督。这种预算权在立法机关和行政机关的划分是落实《宪法》赋予全国人民代表大会、全国人大常委会以及国务院职权的体现。

除了对于民主合法性和权力配置的作用，财政预算对基本权利的保障也具有重要意义。随着国家权力的不断扩张，税收作为国家预算收入最主要的来源，其规模日益增加，国家介入私有财产权的程度也随之增大，财政预算对公民私有财产权保障的重要性日益凸显。财政支出的目的是否正当，行为是否合法、科学、高效都直接关系着国家限制私有财产权的宪法正当性。纳税人关心国家财政的详细规划，要求每一笔财政收入和支出都有依据，国家的年度收支计划必须完整记录在预算方案中。财政预算是以授权的方式实现限权，代议机关通过预算授权行政机关完成年度财政任务，而对未经授权的任务，国家不得为之。[1]财政支出关乎公民生活的方方面面，甚至可以说，几乎所有基本权利都与财政预算息息相关。

预算的核心功能在于控权，加强预算的民主功能是完善预算制度的核心要义。宪法民主原则意味着一切国家权力都来源于人民，一切权力的行使都可追溯至人民。人民行使国家权力的渠道是人民代表大会，人民代表大会通过审批和监督预算来约束政府。强化预算的民主功能，应当着眼于人大和政府这两个主体以及人大对政府的约束过程。因此，本书总结了预算职权在人大和政府间的配置情况，进而围绕人大的预算审批权、政府的预算行政权和多主体共同配合的预算监督与预算公开这三个不同主体主导的预算活动展开

----

〔1〕　陈征：《论我国预算原则的完善——以行政活动的民主合法性为视角》，载《中共中央党校学报》2013年第4期，第81页。

详细分析，发现我国现行预算制度的不足之处，并提出完善建议。

本书内容包括七章，前两章介绍预算的理论基础和预算的民主控权本质，第三章总结预算权在人大和政府间的配置情况。按照预算权在不同主体间的配置情况，具体展开第四、五、六章的分析。这三章分别是人大的预算审批权、政府的预算行政权和多主体共同配合的预算监督。第七章是以全文对预算全过程的具体分析而得出的综合性预算制度完善结论。

第一章介绍预算的一般理论，简要介绍现代预算制度的产生与发展，厘清几个预算的相近概念，并介绍经典预算原则和我国的预算原则。从预算制度的产生和发展中可以发现，预算制度与民主制度相伴而生，也因此奠定了预算的民主基调。区分预算相近概念，厘定作为《预算法》规范对象的"预算"本意，探寻在现代预算理念下的预算准确概念，是开展预算研究的基础。预算原则是整个预算过程的重要依据。从实质上看，预算原则是民主原则在预算活动中的具体化形式，对预算活动的规范进行具有重要的指导意义。

第二章阐述预算的民主原则。首先探寻民主原则在我国宪法中的依据，阐述民主原则的实现方式。而后阐明财政活动的民主本质和预算对民主控权的重要作用。

第三章详细总结预算的编制权、执行权、审批权、调整权和监督权在人大和政府之间的权力配置情况。人大及其常委会掌握着预算权力的核心——审批权，既包括一年一度的预算审批权，也包括预算执行过程中发生的预算调整审批权。政府主导预算的编制和预算的执行。预算监督需要人大、政府和公民等多主体的共同参与。

第四章围绕人大的预算审批权分析当前预算制度的优势和不足，具体从人大审批预算的时间、初步审批过程和正式审批过程三个方面展开。人大审批预算时间的最大问题是审批时间晚于预算年度开始的时间，导致预算在审批前执行，违背事前审批原则的问题。初步审批制度的分析从主体、对象、审查结果和程序等方面具体展开。正式审批从审批对象、审批形式和结果等三方面具体展开。

第五章是对政府在预算活动中的行政权力行使现状和规范化建议，主要从预算编制、预算执行和预算调整三个环节展开分析。提出预算编制应当在内容上和形式上都有利于预算审批，既要保证内容的全面性和真实性，又要增强形式的可读性。同时可以在编制过程中引入多主体共同参与。预算执行是政府最重要的预算活动。政府在执行预算时具有一定的能动性，但预算的控权本质要求政府的能动空间不能过大。在当前的预算制度下，政府在举债和财政转移支付两方面的能动性过强，应当受到立法约束。预算调整发生于预算执行过程中，预算调整的规范性直接影响预算对政府的约束力。实践中的预算调整有被滥用的倾向，应当由立法者从多方面对预算调整活动进行规范。

第六章是预算的人大监督与审计监督的衔接问题。审计机关和人大是两个最主要的预算监督主体。审计监督和人大监督均为党和国家监督体系的重要组成部分，监督机制的体系化改革要求加强二者的工作联系。衔接机制的完善应当以"受托责任"为出发点，增强审计机关的独立性，提高人大的预算监督能力，让审计机关为人大服务的定位更清晰、渠道更畅通。

第七章是基于前文所有分析的综合性结论，是对我国预算制度完善重点的建议。分别从人大制度的优化、授权立法的规范和法律制定修改三方面提出建议。

预算的一般理论

第一节　现代预算制度的产生与发展

一、国外现代预算制度的产生与发展

现代预算制度产生于英国。英国近代史就是一部国王和国会争夺对国家控制权的历史，而对预算权的争夺则是双方斗争的焦点。[1] 英国现代预算制度与议会制相伴产生，正如爱因齐格所言，"事实表明，下议院的起源和早期发展，完全应归功于其财政功能"。[2] 预算权是争夺的对象，议会制是为了争夺预算权而产生的民主形式。

1215 年的《大宪章》是封建贵族与封建国王权力斗争的结果，首次以法律形式确立"非赞同毋纳税"和"无代表权不纳税"等预算原则，国王开征新的税种或者增加税收负担都必须要经过代表资产阶级利益的议会同意方可进行。此后，资产阶级充分利用议会与国王争夺财政资金的支配权，并通过控制财权来限制统治者的政治权力，[3] 最终要求取消国王的财政特权，财政收入和财政支出都要事先制定计划，编制全年财政收支平衡表，经议会

---

〔1〕　王金秀、陈志勇编著：《国家预算管理》（第 3 版），中国人民大学出版社 2013 年版，第 3 页。许琼：《公共预算法学维度的考量》，湖南大学 2009 年硕士学位论文，第 8 页。

〔2〕　Paul Einzig, *The Control of Purse: Progress and Decline of Parliament's Financial Contral*, Secker & Warburg, 1959, p. 17.

〔3〕　马兰：《中国移动通信 B 分公司全面预算管理研究》，吉林大学 2012 年硕士学位论文，第 8 页。

审查批准后才能执行，财政资金的使用要接受议会的监督。[1] 1688 年至 1689 年的"光荣革命"使英国议会获得了控制政府开支的法定权力，1689 年通过的《权利法案》明确议会是英国最高的立法机关，议会权力高于王权。17 世纪后期，英国近代国家政治结构和行政管理体系逐渐成熟，预算制度也随之发展成熟起来，议会对预算的监督权得到了极大的强化，财政事务"从对国王的个人负责转变为对人民的代表负责"[2]。这一时期的英国预算制度被认为是现代预算制度的萌芽。[3]

17 世纪末期英国的现代预算制度萌芽的产生对其他西方国家产生了重要影响，在其后的一个多世纪里，法国、比利时、荷兰、意大利、瑞典、挪威、丹麦等国家先后展开了现代预算制度改革的尝试。直至 19 世纪，现代预算制度才最终成型，并发展成为现代国家治理的基本制度。[4] 以现代预算制度的成型为分界，凯顿将 19 世纪之前的财政史称为"前预算时代"，将 19 世纪及其后的财政时代成为"预算时代"。[5]

二、我国现代预算制度沿革

受新中国成立初期计划经济的影响，我国在较长时间内没有真正意义上的预算。在计划经济时期，预算被当成国家计划的手段。预算仅是计划的表现与反映，是国家财政活动的结果，而非管理国家财政活动的过程。

社会主义市场经济正式确立后，我国对预算的定位发生了重要变化，预算的管理功能逐渐淡化，民主功能逐渐增强。1992 年党的十四大明确了我国经济体制改革的目标是建立社会主义市场经济体制，次年，《宪法修正案》

---

〔1〕 万姗姗：《预算民主原则研究》，华中师范大学 2015 年硕士学位论文，第 2 页。

〔2〕 Premchand A. , Public Finance Accountability, in S. Schiavo-Campo. ed. , *Governance*, *Corruption and Public Financial Management*, Asian Development Bank, 1999, p. 152.

〔3〕 王绍光、马骏：《走向"预算国家"——财政转型与国家建设》，载《公共行政评论》2008 年第 1 期，第 9 页。

〔4〕 王绍光、马骏：《走向"预算国家"——财政转型与国家建设》，载《公共行政评论》2018 年第 1 期，第 12 页。

〔5〕 Naomi Caiden, "A New Perspective on Budgetary Reform", *Australia Journal of Public Administration*, Vol. 48：1, pp. 51~58（1989）.

将"国家在社会主义公有制基础上实行计划经济"修改为"国家实行社会主义市场经济"。自此,我国预算体制开始了迈向现代预算的重大变革。在我国的预算体制现代化改革初期阶段,最为重要的一次进步当属 1994 年《预算法》的颁布,这是我国历史上首次制定预算法律,标志着我国预算改革步入了法治化进程。

1998 年全国财政工作会议提出"建立公共财政基本框架"后,我国预算体制改革进入了深化阶段。公共财政理念的明确提出,使指导预算活动的预算理念发生了颠覆性的改变,计划经济体制对预算理念的影响在这一阶段逐渐消除。在公共财政理念的引导之下,中央部门 2000 年开始了部门预算改革,致力于构建起与市场经济体制相适应的部门预算管理框架,并开展了国库集中收付制度改革、"收支两条线"管理改革、政府采购制度改革、政府收支分类改革等一系列预算技术层面上的规范化改革。[1]

2014 年《预算法》大幅修改是我国迈向现代预算制度进程中最为重要的一次转折。自 2011 年启动预算法修正工作后,预算法修正稿吸取各方意见,历经多次审议修改,终于在 2014 年 8 月 31 日经第十二届全国人大常委会第十次会议决定通过。这是《预算法》自 1994 年制定以来二十年间的第一次修正。在这二十年内,我国的经济制度发展和公共财政改革都发生了翻天覆地的变化,1994 年《预算法》早已不能适应新的时代需求。虽然《预算法》制定之时我国已经确立了社会主义市场经济体制,但 1994 年《预算法》通过之时,我国刚刚进入市场经济体制一年,许多政治、经济制度尚未完成从计划经济向市场经济的转型,1994 年《预算法》的制定理念仍体现出较多的计划思维,当时的《预算法》立法宗旨是"为了强化预算的分配和监督职能,健全国家对预算的管理,加强国家宏观调控,保障经济和社会的健康发展"[2],预算被当作国家主导分配和调控的工具,由国家来管理,具有较明显的工具作用。2014 年《预算法》从立法宗旨上就作出了重大改变,将预算法的作用界定为"为了规范政府收支行为,强化预算约束,加强

---

[1] 肖鹏:《新中国成立 70 周年政府预算理论演变、制度改革与展望》,载《财政监督》2019年第 19 期,第 7~8 页。

[2] 1994 年《预算法》第 1 条。

对预算的管理和监督，建立健全全面规范、公开透明的预算制度，保障经济社会的健康发展"[1]，将现代预算理念融入《预算法》的修正之中，把预算定义为人民管理国家的工具，并且引入了预算全面性、公开性等重要原则。2014 年《预算法》修正的这些重要变化相对于原《预算法》而言，具有财政领域的划时代意义。

2014 年《预算法》的修正实现了我国在现代预算理念上的转变，然而在《预算法》修正后至今的十年间，预算领域的其他法律法规并未及时完善，从我国的整个预算制度来看，仅有一部抽象规范预算活动全局的《预算法》，预算制度仍然不是很健全。预算制度指的是《预算法》《各级人民代表大会常务委员会监督法》（简称《监督法》）、《审计法》以及预算相关的行政法规、部门规章等规范性文件共同构成的预算规范制度。《监督法》是规范各级人大常委会行使监督职权的法律，预算监督仅是其中的部分内容。《审计法》是专门针对审计机关开展审计监督工作的法律。《监督法》和《审计法》均是规范预算监督环节的法律，而并无专门立法规范预算的编制、审批、执行、调整等环节中的某些重要财政收支活动，如国家举债、财政转移支付，等等。在预算制度较为成熟的国家，规范预算活动的法律内容较为丰富，如：大陆法系的代表国家——德国，其《基本法》第 10 章用 14 条内容针对财政制度的最基本事项作出了最高位阶的规定。此外，还有专门的《促进经济稳定和增长法》《联邦和州预算原则法》《联邦预算法》以及各州预算法。在美国，关于预算事项的法律规范也非常丰富，包括《国会预算法》《预算与会计法》《国会预算和拨款扣押控制法》《平衡预算和紧急赤字控制法》等。日本的《宪法》《财政法》《地方财政法》等专门法律对财政预算各个环节中的重要事项作出了规范。较之于这些预算法律较为健全的国家，我国在预算领域的立法还存在一定的不足。《预算法》在规范内容的范围和规范的具体性方面都不足以为所有预算活动提供行动指南。

在法律缺位的情况下，当前我国预算制度的具体规范往往以行政法规、部门规章等形式作出。《立法法》第 11 条第 6 项规定税收和财政基本制度只

---

[1]　2014 年《预算法》第 1 条。

能制定法律，第 12 条规定立法机关可以授权国务院根据实际需要，对第 11 条规定的事项中尚未制定法律的部分事项制定行政法规。预算制度属于财政基本制度中的重要内容，本应当由狭义法律规定，迫于立法资源不足等现实情况授权行政机关制定的预算法规、规章等只是《预算法》的具体化，不得超越，更不得违背《预算法》。但是《预算法》在某些预算活动方面的规定高度抽象，立法机关授权行政立法的条件也不够具体，授权要求过于宽松，导致行政代为立法的自主性过高。此外，目前预算领域立法授权的范围过于广泛，行政机关的预算权力过大。这些因素共同导致预算领域存在着行政程序替代民主政治程序立法的问题。

《立法法》第 14 条规定："授权立法事项，经过实践检验，制定法律的条件成熟时，由全国人民代表大会及其常务委员会及时制定法律。法律制定后，相应立法事项的授权终止。"这些由立法授权行政制定的预算领域的行政法规和部门规章，在立法条件具备时，应当将具体预算规定的制定权收归立法机关。预算的作用应当是约束政府等公权力的财政收支行为，如果由政府替代立法机关制定预算规范，则会出现政府自己制定规范管理自己的问题。现代预算理念融入《预算法》至今已经有将近十个年头，立法机关也已经积攒了较为丰富的预算经验，制定具体预算事项法律规范的时机已经成熟，应当将预算领域的行政法规上升为法律，并且针对尚未制定法律法规的重要预算问题制定专门法律，形成一个全面规范的预算法律制度体系。

第二节　预算的相关概念

在关于预算的研究中，经常可以发现，国内学者对于研究对象的称谓并不一致，"国家预算""政府预算""公共预算""财政预算"等称谓常被混用。实际上，这些概念的内涵并不尽相同，不能无差别地用以表述《预算法》的约束对象。厘定《预算法》中的"预算"本意，探寻在现代预算理念下的预算准确概念，是开展预算研究的基础。

一、"预算国家"与"国家预算"

从字面上看，"预算国家"与"国家预算"仅在词组排列顺序上有所差别，而从内涵上看，二者却存在着天壤之别。"预算国家"的中心词是"国家"，描述的是财政活动领域中的国家形态，指采用现代预算制度来组织和管理财政收支的国家。"国家预算"的中心词是"预算"，意为国家的预算，在 20 世纪常用之指代国家的财政收支活动。作为预算研究对象，经常被与其他相近概念混用的是"国家预算"，"预算国家"的概念未曾在此维度上被混用，然而，由于"预算国家"是预算研究的一个非常重要的概念，准确理解其内涵对于厘定易被混用的相关概念具有重要意义。因此，本小节将首先简要介绍"预算国家"概念的内涵，然后再逐一阐释预算研究中经常被混淆的相关概念。

"预算国家"代表着一个国家获得财政收入和进行财政支出的方式是在现代预算理念的指导下形成的。在领地国家时期，国家主要依赖国王自有土地和诸侯进贡获得收入。在税收国家时期，国家主要依靠税收获得财政收入的方式。"预算国家"是税收国家的进步形态，不仅在获得财政收入的方式上有所转变，而且在财政支出上也进行科学的管控，在财政收入和支出之间建立起统筹运作的预算关系。[1] 在我国，1978 年的全面经济改革使我国从依赖国有财产取得财政收入的"自产国家"转变为依赖税收获得主要财政收入的"税收国家"，并自 1999 年启动预算改革后逐步走向"预算国家"。[2]

并非所有具有预算制度的国家都可被称为"预算国家"，"预算国家"仅指具有现代预算制度的国家。现代预算制度不同于仅用来记录财政收入和支出的古代预算，而是一种代表着现代国家治理理念的民主财政活动方式。正如有学者所言："形骸化的预算不过一堆废纸，预算作为民主工具的价值

---

〔1〕 王绍光、马骏：《走向"预算国家"——财政转型与国家建设》，载《公共行政评论》2008 年第 1 期，第 5 页。

〔2〕 王绍光、马骏：《走向"预算国家"——财政转型与国家建设》，载《公共行政评论》2008 年第 1 期，第 23 页。

取决于预算本身的民主化。"〔1〕现代预算制度的内涵非常之丰富，对其进行封闭式定义既不容易，又难以保证准确性，只能从现代预算制度最为典型的特点入手，对其进行概括，描绘出一个尽可能接近其核心内涵的形象。根据著名预算专家克莱弗兰德（Frederick A. Cleveland）对现代预算的讨论，王绍光教授将现代预算的特点总结为："现代预算必须是经法定程序批准的、政府机关在一定时期的财政收支计划。它不仅仅是财政数据的记录、汇集、估算和汇报，而且是一个计划。这个计划必须由行政首脑准备与提交；它必须是全面的、有清晰分类的、统一的、准确的、严密的、有时效的、有约束力的；它必须经代议机构批准与授权后方可实施，并公之于众。"〔2〕现代预算制度与前预算时代的传统预算制度最重要的区别是，现代预算制度的作用不仅局限于财政管理，更是与民主政治、法治建设、现代国家治理等密切关联的。正如著名预算学者艾伦·希克所言："毫不夸张地说，一个国家的治理能力在很大程度上取决于它的预算能力。"〔3〕预算国家是国家从事财政活动的高级形态，同时，正如民主和法治的实现是一个不断完善的动态过程一样，预算国家也非一经确立则无需改变，它需要在国家的动态发展过程中不断完善。

二、"国家预算""政府预算"与"公共预算"

在关于预算的研究中，描述预算研究对象时，"国家预算""政府预算"和"公共预算"是使用频率最高的三个称谓，经常被有意或无意地混用。然而仔细观察可以发现，在我国预算改革的不同时期，这三个称谓的使用偏好也有所不同。有学者选取了新中国成立以来我国的预算管理制度变迁的几个重要时间节点，对我国预算制度改革而言，最为重要的年份分别是开始施行《国家预算管理条例》（现已失效，下同）的 1992 年、提出建立公共财政框

---

〔1〕 闫海：《预算民主：预算审批权为中心的构建》，载《重庆社会科学》2007 年第 4 期，第 103 页。

〔2〕 王绍光：《国家治理》，中国人民大学出版社 2014 年版，第 368 页。王绍光、马骏：《走向"预算国家"——财政转型与国家建设》，载《公共行政评论》2008 年第 1 期，第 10 页。

〔3〕 Allen Schick, *Capacity to Budget*, The Urban Press, 1990, pp. 1~5.

架的 1998 年和全面深化改革背景下构建现代预算制度的 2013 年。[1]

（一）"国家预算"

"国家预算"称谓的使用与计划经济的时代背景密切相关。在计划经济模式下，国家是大而全的"全能型国家"形象，主导国民经济社会生活的方方面面。从公民的角度看，公权力的类型是模糊的，各种职能的公权力在国家形象中融为一体，公民自然倾向于将所有公权力理解为"国家"，进而将所有公权力机关的预算活动统称为"国家预算"。在我国预算管理制度变迁的前三个阶段，"国家预算"是使用频率最高的预算研究对象称谓，尽管到了 1992 年至 1998 年的第三阶段，市场经济体制已经初步建立，预算逐渐也走向法制化正轨，但这一阶段的预算发展仍然没有完全摆脱计划经济的影响，"国家预算"的称谓仍被沿用。1992 年 1 月 1 日起施行的《国家预算管理条例》中使用的概念均为"国家预算"。

1998 年底召开的全国财政工作会议提出"逐步建立公共财政基本框架"，开启了预算制度变革的深化阶段。与此相应，财政部 1998 年将预算收支科目表中的"国家预算"改为"政府预算"。自此，"政府预算"称谓开始逐渐被理论界和实务界广泛使用。[2] 然而，同时，"国家预算"称谓依然被一些研究沿用，造成与"政府预算"等概念的混同。沿用"国家预算"称谓的或是源于之前的使用习惯，忽视了"国家预算"与"政府预算"在内涵上的本质区别；或是认为"国家预算"称谓具有不可取代的意义，"国家预算"称谓能够更准确地体现预算研究对象的特征。忽视二者的内涵差异而任意使用概念的做法显然有失学术严谨性，真正值得分析的是，认为"国家预算"称谓更准确的理由。

---

〔1〕 预算管理制度变革的五个阶段。第一阶段：政府预算管理技术规范形成阶段（1949 年—1953 年）；第二阶段：计划经济和转轨时期的预算管理制度长期稳定阶段（1953 年—1992 年）；第三阶段：市场经济建立初期的预算管理制度变革阶段（1992 年—1998 年）；第四阶段：公共财政框架下的政府预算管理制度改革深化阶段（1998 年—2013 年）；第五阶段：全面深化改革背景下的现代预算制度构建阶段（2013 年至今）。肖鹏：《新中国成立 70 周年政府预算理论演变、制度改革与展望》，载《财政监督》2019 年第 19 期，第 6 页。

〔2〕 马蔡琛：《国家预算、政府预算和公共预算的比较分析》，载《中国财政》2006 年第 2 期，第 58 页。

倾向于采用"国家预算"的学者认为，"国家预算"比"政府预算"的内容更多，范围更广，国家预算不仅包含各级政府的预算，还包括社会保险基金预算和国有资本经营预算等。[1]此外，预算不仅仅指政府的财政收支活动，还包括全国人大审查、批准和监督预算，审计机关监督预算等，政府预算无法包含这些方面的内涵，国家预算的概念更准确。这些反驳"政府无预算"的理由似乎有一定道理，但仔细观之可以发现，这些观点仍延续了计划经济模式下国家包揽一切的思维。"政府预算"的称谓在概念的外延上并不周延，用"国家"为预算冠名则可以避免这些问题，国家的范围总是广泛的，但这恰恰是问题所在。在大多数政治活动前冠以国家都不会在概念外延上产生错误，问题在于，各项政治活动在主体上具有不同的特点，无视其特性而统一以国家为其冠名则会导致立法、行政等不同公权力机关在国家面前形象模糊。"国家预算"的称谓具有较强的计划经济色彩，在社会主义市场经济体制初步建成之后则不适宜继续使用。

(二)"政府预算"

财政部1998年将预算收支科目表中的"国家预算"改为"政府预算"，在客观上能够更好地适应社会主义市场经济体制下新的预算观念，在主观上主要是出于统计的目的。无论如何，这一修改都是预算称谓上的重大进步。1994年通过的《预算法》即规定"国家实行一级政府一级预算"[2]，本级政府预算由本级人民代表大会审批通过，改变了计划经济体制下全国"一盘棋"的做法。在我国语境下，"国家"往往指代中央，"国家预算"称谓在一级政府一级预算的五级预算模式下，容易被理解为中央政府预算而产生歧义。也正因如此，2014年《预算法》修正案通过前，法律委员会在最后一次修改意见中提出，"第三条中的'国家预算'的表述不够严谨，应修改为'全国预算'"。这一修改意见被第十二届全国人民代表大会常务委员会第十次会议决定通过，现行《预算法》第3条第2款为："全国预算由中央预算和地方预算组成。地方预算由各省、自治区、直辖市总预算组成。"综上，

〔1〕 马蔡琛：《国家预算、政府预算和公共预算的比较分析》，载《中国财政》2006年第2期，第58页。

〔2〕 1994年《预算法》第2条。

将预算收支科目表中的"国家预算"改为"政府预算"更能准确契合一级政府一级预算的现实情况。

"政府预算"不应理解为狭义的"政府的预算"。根据中央预决算公开平台公开的中央预算单位年度预决算信息，即使在信息未完全公开的情况下也可以发现，中央预算单位除国务院组成部门外，最高人民法院、最高人民检察院、社会团体等也在其列。[1] 广义的政府预算也包含由政府主导财政分配的其他机构预算。由于政府主导预算的编制，具体组织预算的执行，并主导向人大作出的预算报告，即使预算主体不是政府部门，政府也在预算过程中扮演重要的角色。从预算流程上看，各级政府财政部门负责本级预算的编制，尽管有些预算单位不隶属于政府，但在编制预算时也需要最终汇总到本级政府财政部门统一调整。经本级人大审批后，各级政府是主导预算执行的权力主体，在全年的财政收支活动中发挥重要作用。从预算内容上看，通过征税等方式获得财政收入并具体执行财政支出均由政府负责。从预算意义上看，政府是预算的主要调控对象，人民通过审查、批准和监督预算活动来决定政府的活动范围，监督政府的履职情况。从这些意义上讲，将预算的研究对象称之为"政府预算"可以较好地反映预算活动中政府的重要性。

较之于计划经济时代国家和政府混同，在当时的背景下将"国家预算"称谓改为"政府预算"有一定进步之处，但"政府预算"的称谓恰是当时行政权力主体处于整个预算权体系之垄断地位的真实写照。从"国家预算"到"政府预算"的称谓变化肇始于市场经济建立初期的预算管理制度变革阶段，彼时我国尚未开始现代预算制度改革，当时的《预算法》立法目的是"强化预算的分配和监督职能，健全国家对预算的管理，加强国家宏观调控"。预算的主要作用被定位为国家宏观调控的工具，而国家调控主要通过行政机关去实现，因此，政府在预算活动中扮演起越来越重要的角色，至于20世纪后期，行政权力在整个预算权体系之中已然处于垄断地位。政府预算

---

[1] 参见中央预决算公开平台：http://www.mof.gov.cn/zyyjsgkpt/，最后访问日期：2020年5月14日。

权高度集中缺乏制约、人大预算权极为羸弱难有作为、公众预算权受到忽略地位渺小，[1] 这种不平衡的预算权力配置格局直到 2014 年《预算法》全面修改才得以扭转。

（三）"公共预算"

2014 年《预算法》全面修改后，立法宗旨被修改为"规范政府收支行为，强化预算约束，加强对预算的管理和监督，建立健全全面规范、公开透明的预算制度"。立法宗旨的改变体现着我国预算理念的重大变革。此前，1994 年通过的《预算法》在 20 年间未曾修改，其第 1 条规定："为了强化预算的分配和监督职能，健全国家对预算的管理，加强国家宏观调控，保障经济和社会的健康发展，根据宪法，制定本法。"该立法宗旨沿用了《预算法》制定之前的《国家预算管理条例》的立法宗旨，[2] 采用的是以政府管理内部事务为准则的思路和理念，《预算法》被当作上级政府管理下级政府的工具，而非人民约束政府行为的法律保障。这一立法宗旨在 2011 年和 2012 年的草案一次修正稿和草案二次审议稿并未作出修改，以致草案二次审议稿向社会公开征集意见时，立法宗旨一条受到社会各界的广泛关注，财税法学界的反映尤为强烈。刘剑文教授认为，现行预算法通过于 1994 年，当时公共财政的特点还不明显，而修法时的情况与当年已经有了根本不同，预算法修正案应该突出公共财政的特点。

公共财政是以满足社会公共需要为口径界定财政职能范围，并以此构建政府的财政收支体系的市场经济体制下的财政模式。在社会主义市场经济下，公共财政具有资源配置、收入分配、调控经济和监督管理等职能。[3] 公共财政是民主财政，按照民主意愿决定公共资源的使用和分配，满足公民的公共需求。预算是财政的管理过程，随着公共财政观念在我国逐渐深入，预算的特征也相应发生变化。预算由国家管理的工具转变为人民管理国家的

---

〔1〕　朱大旗：《现代预算权体系中的人民主体地位》，载《现代法学》2015 年第 3 期，第 12 页。

〔2〕　《国家预算管理条例》1991 年 9 月 6 日国务院第九十次常务会议通过，自 1992 年 1 月 1 日起施行。该条例第 1 条规定："为了加强国家预算管理，强化国家预算的分配、调控和监督职能，促进经济和社会的稳定发展，根据《中华人民共和国宪法》，制定本条例。"

〔3〕　《公共财政的职能》，载中华人民共和国财政部网站：http://www.mof.gov.cn/zhuantihuigu/czjbqk2010/1czzn/201110/t20111031_603344.html，最后访问日期：2020 年 5 月 15 日。

工具，政府不再是预算权体系的唯一中心，预算权的配置过程必须充分尊重人民的主体地位。可以说，现代预算发展的本质是政府预算向公共预算过渡，从"实现国家职能、保障公权力行使"转向"满足公共需求、促进公民权利"。

　　较之于 1994 年《预算法》，修正后的《预算法》不再使用"政府预算"的表述，而以"预算"代之。如：将原法第 39 条改为新法第 43 条，将第 2 款中的"政府预算"修改为"预算"。[1] 有学者认为，以实现国家职能、保障公权力行使为目的的昔日之预算可称之为"政府预算"，而今日之预算以满足公共需求、促进民众权利实现为目的，可名之为"公共预算"。[2] 公共预算是落实公民权，实现民主治理的重要手段。[3] 公共财政制度对于民主国家的重要性不亚于选举制度、政党政治、议会制度和舆论监督制度。[4] 此外，从政府预算到公共预算的发展不仅意味着一国预算理念的变化，也能更准确反映在当代国家任务复杂化背景下的公共服务格局。当代国家任务渐趋复杂，国家仅扮演"守夜人"角色不再能满足人民对公共服务的需求，国家任务的执行者随之从政府扩大到了其他公共部门，国家财政支持的范围也相应扩大。根据预算完整性原则的要求，所有国家财政收支行为均须纳入预算范围，如果预算法约束对象仍仅限于政府机构，将会导致大量公共任务游离于人民监督范围之外，这些公共任务的执行和财政经费的使用将由于缺乏人民的同意而不具备民主合法性。

　　较之于"政府预算"，"公共预算"的确在内涵上更接近现代预算理念，然而，在研究预算法的规范对象时，以"公共预算"取代"政府预算"的称谓也存在着难以克服的问题。"公共预算"与"公共任务"相对应，强调

---

　　[1]　1994 年《预算法》第 39 条为"中央预算由全国人民代表大会审查和批准。地方各级政府预算由本级人民代表大会审查和批准。"该条被修改为 2014 年《预算法》第 43 条"中央预算由全国人民代表大会审查和批准。地方各级预算由本级人民代表大会审查和批准。"

　　[2]　朱大旗：《现代预算权体系中的人民主体地位》，载《现代法学》2015 年第 3 期，第 12 页。

　　[3]　Irene S Rubin, *The Politics of Public Budgeting：Getting and Spending, Borrowing and Balancing* (*4th*), Chatham House Publishers of Seen Bridges Press, 1990.

　　[4]　王绍光、王有强：《建立现代财政制度——兼谈农村"费改税"的思路》，载《税务研究》2001 年第 10 期，第 9 页。

活动内容的公共性。那么，一切公共任务所产生的收入和支出都应当属于公共预算的范畴。然而，公共任务与国家任务在概念上并不等同。从宪法角度讲，公共任务即实现具有宪法价值之公共利益的任务，比如能源供给、医疗、住房、交通、教育等民生问题；而国家任务则是应由国家亲自接管的公共任务。[1] 国家任务虽然都是公共任务，但公共任务却未必是国家任务，很多公共任务完全可以由社会个体和团体来完成，[2] 并且无须借助于国家财政的支持。典型的可以由社会团体自行完成公共任务的情况如民间慈善机构通过发挥捐助人与受助人的中介作用，实现慈善目的。这些无须国家财政支持，即可由社会或个人自行完成的公共任务也具有公共性，这些社会团体或个人的收支行为应当自行编制预算，而不应将其纳入预算法调控的预算范畴。如果将规范国家公权力行为的《预算法》中所指的预算称为公共预算，那么在概念上将与这些社会团体和个人的预算行为与国家财政支持的预算行为发生混淆。

三、作为《预算法》规范对象的预算概念

"国家预算""政府预算"与"公共预算"三者之中最能体现现代预算理念的是"公共预算"，然而诚如上文所述，该概念在外延上无法与《预算法》的规范对象相吻合。这三个概念均不能准确定义《预算法》中的"预算"。笔者认为，《预算法》的规范对象应当被称为"预算"或"财政预算"。在不会发生理解歧义的场合，应当直接称之为"预算"，当需要区别于企业预算等其他不需要财政支持的预算活动时，可称之为"财政预算"。

预算的范围大小也有广义和狭义之分。《预算法》的具体条款中，有的是指广义的预算概念，有的是指狭义的预算概念。广义的预算，是指包括从预算的编制开始，直至审批、执行、调整、监督在内的预算全过程及相关法律、法规、政策、制度在内的所有内容，即《预算法》第2条所规定的

---

〔1〕 Weiss Wolfgang, Privatisierung und Staatsaufgaben——Privatisierungsentscheidungen im Lichte einer grundrechtlichen Staatsaufgabenlehre unter dem Grundgesetz, Mohr Siebeck, 2000, S. 47.

〔2〕 陈征：《公共任务与国家任务》，载《学术交流》2010年第4期，第7页。

范围，[1] 广义"预算"的法条，如《预算法》第 1 条规定："为了规范政府收支行为，强化预算约束，加强对预算的管理和监督，建立健全全面规范、公开透明的预算制度，保障经济社会的健康发展，根据宪法，制定本法。"狭义的预算，是指不包括决算在内的预算环节，是广义预算的一部分。一般来说，与决算一起规定的预算往往指的是狭义预算，如《预算法》第 20 条"批准中央预算和中央预算执行情况的报告"；"改变或者撤销全国人民代表大会常务委员会关于预算、决算的不适当的决议"，等等。在理解《预算法》的相关法条时，应当注意对广义预算和狭义预算加以区分。

第三节　预算原则

预算原则是整个预算过程中的重要依据，指导着预算的编制、审批、执行、调整、监督等全部预算程序的顺利进行。[2] 预算原则是国家选择预算形式和体系的指导思想，各个国家的预算原则不尽然相同。尽管如此，自 18 世纪末至今的 200 余年间，预算原则不断适应时代而发展完善，在此过程中，一些最为重要的预算原则得以保留，并被众多预算国家采纳作为指导本国预算实践的预算原则。经典预算原则是现代预算原则的基础，各国根据实际国情和发展需要选择性吸收和改变经典预算原则，形成本国预算原则。

一、经典预算原则

经典预算原则产生于 18 世纪末和 19 世纪初的欧洲，是在一些具有代表性的预算原则基础上归纳总结，形成了当时被多数国家所认可的预算原则。最具代表性的财政学家所提出的预算原则包括：意大利财政学者尼琪（Nitti）提出的尼琪预算原则、德国学者纽玛克（Neumark）提出的纽玛克预算原则、德国学者舍德（Seidel）提出的舍德预算原则，以及桑德森（Sundel-

---

〔1〕《预算法》第 2 条规定："预算、决算的编制、审查、批准、监督，以及预算的执行和调整，依照本法规定执行。"

〔2〕 朱大旗：《迈向公共财政：〈预算法修正案（二次审议稿）〉之评议》，载《中国法学》2013 年第 5 期，第 35 页。

son）预算原则。[1] 从这些代表性预算原则中归纳出的经典预算原则包含了对许多国家财政活动内在规律的认识，对预算活动的进行具有重要的指导和约束作用。一般来说，经典预算原则至少包含全面性原则、真实性原则、统一性原则、年度性原则和公开性原则。[2]

全面性原则，也称完整性原则，要求预算应包括全部财政收支，反映全部财政活动，不应有预算以外的财政收支，也不应有预算以外的财政活动。[3] 预算必须涵盖所有财政收支不仅是为了保证财务管理的准确性，也是民主合法性对预算提出的必然要求。为了使人民能够有效参与预算决策、监督预算执行，必须首先保证所有国家财政收支均被预算涵盖，没有游离于预算外的资金来源，也没有不受预算监督的资金支出。预算完整性是人民参与国家财政管理的基础环节保障，否则即使做到全面公开，人民也无法获取全部预算信息，遑论财政参与和监督。预算是以授权的方式实现限权，一旦年度预算方案经审批而确定，国家财政调配就必须严格按照预算方案执行，未被预算涵盖的任务，行政机关不得为之。换言之，预算涵盖的内容构成了行政活动的上限，人民可以通过财政预算来引导行政机关的活动范围和方式。如果预算有遗漏，那么该遗漏部分的财政收支将由于缺乏审批而不具备合法性，相关行政任务也因而不能被执行。正因如此，保证预算的完整性对于民主政治的人民参与以及行政任务的合法执行至关重要。

真实性原则，也称可靠性原则，是指预算编制所依据的财政收支数字必须真实、准确，编制预算必须符合实际，唯有如此，人大审批的预算才是真实可靠的，经过审批的预算才能真正成为约束公权力行为的有效方式。真实

---

[1] 尼琪预算原则包括六个原则，分别是：公开性原则、确定性原则、统一性原则、总括性原则、分类性原则和年度性原则。纽玛克预算原则包括八个原则，分别是：全面性原则、收入的非专用性原则、一致性原则、明晰性原则、准确性原则、事前批准原则、严格性原则和公开性原则。舍德预算原则包括全面性原则、准确性原则、一致性原则、清楚性原则、公开性原则、可比性原则、事前批准原则和严格性原则。桑德森预算原则包括全面性原则、排除性原则、一致性原则、严格性原则、年度性原则、准确性原则、清楚性原则和公共性原则。这些代表性预算原则的具体内涵，可参见彭健：《政府预算理论演进与制度创新》，东北财经大学 2005 年博士学位论文，第 64~68 页。

[2] 刘剑文、熊伟：《财政税收法》（第 5 版），法律出版社 2009 年版，第 121~122 页。

[3] 刘剑文、熊伟：《财政税收法》（第 5 版），法律出版社 2009 年版，第 122 页。

性原则首先是对预算编制主体的要求，编制预算是预算程序中的第一环，各级政府预算编制主体应当充分结合过去一年乃至过去几年本地区的财政收入情况，尽可能准确地预测本年度财政收入情况。财政收入主要来源于税收收入，除非出现自然灾害等重大公共突发事件低概率因素，税收往往具有一定程度上的稳定性，预算编制主体可以根据往年情况和地区经济发展规律较为准确地预测出本地区未来一年财政收入。当然，预测财政收入时也必须考虑到突发公共事件出现的可能性，并在一般公共预算中合理确定应对突发事件的预备费占比。财政支出安排应当综合考虑年度经济社会发展目标、国家宏观调控总体要求、跨年度预算平衡的需要等因素，参考上一年度预算执行情况和有关支出绩效评价结果，尽可能满足本地区人民对公共产品和公共服务的需求。这就要求财政支出计划不能仅由政府编制，而应当在编制环节就充分听取本地区人民的意见，收集集中的公共需求，并真实反映在预算编制当中。

统一性原则，也称一致性原则，是指各级预算收支要按照统一的标准和程序来计算和编制，所有预算单位的收支都要以总额列入预算，不得将某项收入专门用于某项支出，而应当统一核算所有收入后，统一安排所有支出。可见，统一性原则包含了纽玛克提出的收入的非专用原则（non-assignment of revenue）。此外，统一性原则的内涵还应当包括同类预算[1]的全部收支必须编制在统一的预算之中，[2]不得以附加预算的形式单独存在。无论在联邦制国家还是在单一制国家，只要地方拥有独立的预算审批决定权，地方预算与中央预算（州预算与联邦预算）就是相对独立的，各个地方之间、地方与中央之间的预算民主性不应当有所差异。预算的统一性原则要求各级预算标准和程序的统一，保障各地区人民在行使预算权力时的平等，也保障地方财政自治的民主合法性与中央层面的民主合法性水平相一致。全部财政收

---

〔1〕　此处的同类预算在我国是指一般公共预算、政府性基金预算、国有资本经营预算、社会保险基金预算四类中的某一类。这四类预算应当独立编制，但每一类的全部收支应当体现在同一本预算之中，不得分散编制。

〔2〕　Dieter Birk, Das Haushaltsrecht in der bundesstaatlichen Finanzverfassung（Art. 109-115 GG），JA 1983, S. 563（564f.）.

入和全部财政支出统一安排、集中体现于同一本预算，有助于代议机关审批预算时掌握预算整体情况，增强预算的调控效果。[1]

年度性原则，是指国家预算必须按照预算年度进行编制、审批和执行，不得把本预算年度以外的财政收入列入本年度的预算之中，也不得提前安排本预算年度之后的财政支出。年度性原则中的预算年度，是财政预算收支的起止期限，通常为一年。我国和大多数国家的预算年度都与自然公历年度一致，每个预算年度始于当年 1 月 1 日，止于当年 12 月 31 日。[2] 纽玛克预算原则和舍德预算原则都包含的事前批准原则（prior authorization）与年度性原则密切相关，要求预算必须在预算年度开始之前经议会审批确定。[3] 这一原则保障了代议机关预先发挥调控的能力，如果预算未经审批即率先被执行，那么未经审批的预算所支持的公权力行为则难以确保其民主合法性，即使这些公权力行为在结果上符合民主要求，但由于民主程序的缺失，人民的民主权利被行政机关替代行使而未经人民同意，这样的行为方式本身就与民主原则的要求相悖。

公开性原则，是指全部预算收支必须经过代议机关审查批准，并以一定形式向社会公布，使全部预算收支活动置于社会监督之下。预算公开包括预算审批程序的公开，经批准的预算的公开以及预算执行情况的公开。全面公开预算是公民知情权的必然要求，人民有权利了解国家的财政收支情况，由此监督国家的预算行为。预算与人民的民主权利息息相关，国家权力来源于人民，一切国家权力行为都必须符合人民的意愿，预算是重要的民主监督渠道，预算公开的程度直接影响人民监督的范围和力度，人民通过监督财政收支来监督公权力的行使。

从上述经典预算原则的内涵中可以发现，每一个预算原则所指引和约束的预算程序各自有所侧重。全面性原则、真实性原则和统一性原则主要是对预算编制环节的要求；年度性原则既约束预算的编制，也约束预算的审批；

---

[1] 陈征：《论我国预算原则的完善——以行政活动的民主合法性为视角》，载《中共中央党校学报》2013 年第 4 期，第 84 页。

[2] 刘剑文、熊伟：《财政税收法》（第 5 版），法律出版社 2009 年版，第 122 页。

[3] 彭健：《政府预算理论演进与制度创新》，东北财经大学 2005 年博士学位论文，第 67 页。

公开性原则主要涉及预算监督。除这五个预算原则外，严格性原则也是预算最为重要的原则之一。虽然严格性原则有时不会被明确列入经典预算原则，但严格性原则却是每一个预算国家都严格奉行的原则。严格性原则主要约束预算的执行，其内涵是预算一经议会批准确定则必须被严格执行，各预算单位都必须严格按照预算开展财政收支活动，不得有超出预算范围的支出，也不得在预算批准的范围之外获得其他种类的收入。

从发挥作用的环节上看，经典预算原则各有侧重。而从发挥作用的目的上看，各个预算原则均服务于民主原则。作用于预算编制环节的原则最多，这是因为编制是预算的第一环，而且由行政机关主导，议会较少参与，也无法直接控制行政机关编制预算的具体行为。为了在议会参与之前就尽量保证行政机关的行为符合民主原则，议会在制定预算法律时则通过预算原则对行政机关编制预算提出要求。首先，从编制预算的每一个数据上，真实性原则都对行政机关提出了严格要求；而后，全面性原则要求行政机关不仅要提供真实的预算数据，而且这些真实的数据必须是全面的，不得有任何预算数据遗漏在外；不仅如此，这些全面、真实的预算数据还必须按照统一的标准和程序编制在一起，统一性原则在形式上为编制提出要求，与全面性和真实性在内容上提出的要求互相配合。这三个原则保证了提交给议会审议的预算草案形式正当，内容合理，保障了民主审查和批准的基础。年度性原则和其所包含的提前审批原则在时间上保证了预算的民主性，严格性原则在预算执行过程中限制行政行为严格按照议会批准的方式开展，公开性原则保障了人民在预算活动中的参与权和知情权。可以认为，这些经典预算原则是民主原则在预算活动中的具体化形式，是预算领域的民主原则。

二、我国的预算原则

2014 年《预算法》全面修正后，我国的预算原则发生了较大改变，原《预算法》仅强调收支平衡原则，没有提到其他重要的预算要求。修正后的《预算法》在多个条文中明示或暗示地规定了诸多预算原则，与经典预算原则存在较高的重合度。我国《预算法》在明确规定一些预算原则之外，某些条文的内容也反映了部分预算原则的内涵。可将《预算法》中明示或暗示的预算原则总结如下：

表1 我国《预算法》中的预算原则

《预算法》条文	预算原则
第1条 为了规范政府收支行为，强化预算约束，加强对预算的管理和监督，建立健全全面规范、公开透明的预算制度，保障经济社会的健康发展，根据宪法，制定本法。	全面性原则 公开性原则
第4条 预算由预算收入和预算支出组成。 　　政府的全部收入和支出都应当纳入预算。	全面性原则
第12条第1款 各级预算应当遵循统筹兼顾、勤俭节约、量力而行、讲求绩效和收支平衡的原则。	统筹兼顾原则 勤俭节约原则 量力而行原则 讲求绩效原则 收支平衡原则
第13条 经人民代表大会批准的预算，非经法定程序，不得调整。各级政府、各部门、各单位的支出必须以经批准的预算为依据，未列入预算的不得支出。	严格性原则
第14条 经本级人民代表大会或者本级人民代表大会常务委员会批准的预算、预算调整、决算、预算执行情况的报告及报表，应当在批准后二十日内由本级政府财政部门向社会公开，并对本级政府财政转移支付安排、执行的情况以及举借债务的情况等重要事项作出说明。 　　经本级政府财政部门批复的部门预算、决算及报表，应当在批复后二十日内由各部门向社会公开，并对部门预算、决算中机关运行经费的安排、使用情况等重要事项作出说明。 　　各级政府、各部门、各单位应当将政府采购的情况及时向社会公开。 　　本条前三款规定的公开事项，涉及国家秘密的除外。	公开性原则
第18条 预算年度自公历一月一日起，至十二月三十一日止。	年度性原则

《预算法》条文	预算原则
第19条　预算收入和预算支出以人民币元为计算单位。 第32条第3、4款　各部门、各单位应当按照国务院财政部门制定的政府收支分类科目、预算支出标准和要求，以及绩效目标管理等预算编制规定，根据其依法履行职能和事业发展的需要以及存量资产情况，编制本部门、本单位预算草案。 　　前款所称政府收支分类科目，收入分为类、款、项、目；支出按其功能分类分为类、款、项，按其经济性质分类分为类、款。	统一性原则
第36条第2款　各级政府、各部门、各单位应当依照本法规定，将所有政府收入全部列入预算，不得隐瞒、少列。	真实性原则

在我国《预算法》中，关于全面性原则、公开性原则和严格性原则的规定与经典预算原则在内涵上别无二致，这三个预算原则也是 2014 年《预算法》修正的重大进步。

预算全面性原则在我国真正得到重视要从 2003 年全口径预算管理的提出开始算起，该原则提出的背景是新中国成立以来长期存在大量预算外收支，甚至是制度外收支。[1] 彼时，政府的实际收入与经预算审批的财政收入范围并不一致，前者范围远大于后者，并且这些未受规范管理的收支占全部政府收支的比重越来越大，政府收支有失控的潜在风险。在此背景下，党和政府开始积极探索如何将全部政府收支纳入规范化管理，提出实行全口径预算管理正是规范政府全部收支迈出的重要一步。此政策继而上升为法律，在《预算法》修改中充分体现预算完整性原则是我国进入预算时代的重要特征。[2] 时至今日，制度外收支几乎全部消失，预算外支出范围也逐渐减少，整体

---

〔1〕　政府预算外收支主要指国家机关、事业单位和社会团体为履行或代行政府职能，依据国家法律、法规和具有法律效力的规章而收取、提取和安排使用的游离于国家一般预算以外的各种财政性资金所形成的收支；制度外收支是指一定时期里某些部门、某些地方自立规章、自收自支的收支，既受不到规章制度的约束，更没有法律上的明确依据，不具有规范性。参见高培勇主编：《实行全口径预算管理》，中国财政经济出版社 2009 年版，第 3、121~122 页。

〔2〕　高培勇主编：《实行全口径预算管理》，中国财政经济出版社 2009 年版，第 121~125 页。

上，政府收支得到了科学的管理和有效的控制，全口径预算管理的最初目标几乎已经完成，全面性原则在预算实践中得到了充分的应用。

预算公开原则入法是我国预算史上非常值得纪念的进步。公开性原则与全面性原则均规定于 2014 年《预算法》的立法宗旨条款之中，足见我国预算改革对预算公开性和全面性的重视。从我国的预算历史观之，要求预算全面公开绝非易事。在新中国成立后的较长一段时间里，预算属于绝对不可以公开的国家机密。这一情况直到 2002 年《政府采购法》的出台方才有所松动，2007 年《政府信息公开条例》的颁行才正式将政府预算公开问题提升至法规层面。然而《政府信息公开条例》并非专门的预算规范，效力层级也不算高，预算信息公开的局面仍然不甚明朗，片面且被动。2014 年《预算法》大范围修正彻底扭转了这一局面，开启了预算"公开为常态，不公开为例外"的新时代。

修正后的《预算法》第 13 条在内容上与严格性原则的内涵完全一致，强化了预算的法律效力和对政府等预算单位的约束力。

统一性原则、真实性原则和年度性原则并未被我国《预算法》明确规定，其内涵也并未在条文内容中完整体现。《预算法》第 18 条反映了年度性原则的部分内涵，规定了预算年度的起止时间，却并未对年度性原则所包含的事前审批原则作出规定。事实上，我国预算审批时间与预算年度的开始时间之间存在着近 3 个月的时间间隔。第 19 条和第 32 条第 3、4 款反映了统一性原则的部分内涵，规定了预算收支的计算单位，并授权国务院财政部门制定政府收支分类科目、预算支出标准和要求等预算编制规定。第 36 条第 2款反映了真实性原则的部分内涵，要求所有预算单位将所有政府收入全部列入预算，不得隐瞒、少列。不得隐瞒、少列预算收入属于真实性要求的一部分，但不能完全代表真实性原则的内涵，真实性原则还要求尽可能准确估测预算支出等内涵，这在当前的《预算法》中并无相关规定。

除了对应于经典预算原则的规定外，我国《预算法》第 12 条规定了统筹兼顾原则、勤俭节约原则、量力而行原则、讲求绩效原则、收支平衡原则等五个其他预算原则。其中，收支平衡原则历来都是预算的内在要求，只是随着财政功能的变化，收支平衡原则的内涵随之产生了一定的变化。收支平衡有利于政府合理地安排预算收支，防范财政风险，保持财政稳健。凯恩斯主义的盛行使得财政赤字逐渐被各国认可，举借债务成为获得财政收入的重要手段，收支平衡原则也随之调整为包含举债收入的形式平衡，而非实质平衡。在这种情况下，收支平衡原则的真正目的是防止年度预算入不敷出从而限缩代议机关在未来预算年度的调控空间。[1]

讲求绩效原则是预算发展史上的重要进步，强调预算支出的效率和责任，针对传统预算管理存在的"重分配、轻管理，重支出、轻绩效"问题，[2]采用科学的体系和方法，将产出绩效作为预算评价标准之一，有助于提高预算支出效率，更有利于保护纳税人权利。

统筹兼顾、勤俭节约和量力而行则更多体现出我国的特色，这三个原则其实是对编制预算提出的技术性要求，在《预算法》第四章"预算编制"的内容中再次得到强调。较之于其他预算原则，这三个预算原则更多集中在预算编制技术层面，而非与现代预算理念密切相关的民主价值层面。

综上，2014年修正后的《预算法》在预算原则的规定上取得了明显的进步，但仍存在一些不足之处，缺乏对事前审批原则、真实性原则等重要预算原则的详细规定，而在我国的预算实践中，存在着与此相关的重要问题，由于没有相应预算原则的指导，相关问题已成为我国预算制度多年来的沉疴旧病。

---

〔1〕　陈征：《论我国预算原则的完善——以行政活动的民主合法性为视角》，载《中共中央党校学报》2013年第4期，第83页。

〔2〕　王海涛：《我国预算绩效管理改革研究》，财政部财政科学研究所2014年博士学位论文，第30页。

第二章

宪法民主原则与预算的关系

第一节　我国宪法中的民主原则

一、民主原则的宪法依据

民主原则是我国宪法的重要原则，确定了权力的归属和运行方式。民主原则经我国《宪法》第2条所确定，该条文规定："中华人民共和国的一切权力属于人民。人民行使国家权力的机关是全国人民代表大会和地方各级人民代表大会。人民依照法律规定，通过各种途径和形式，管理国家事务，管理经济和文化事业，管理社会事务。"该条文的三款内容分别明确规定了权力的归属、权力行使的渠道和权力覆盖的范围。

"中华人民共和国的一切权力属于人民"意味着"一切国家权力的行使都来源于人民，可以追溯至人民，人民必须能够对这些权力的行使进行一定程度的控制，产生一定程度的影响"。[1] 人民对国家权力的控制程度和国家权力对人民意愿的反映程度决定着国家的民主合法化水平。

"人民行使国家权力的机关是全国人民代表大会和地方各级人民代表大会"确定了我国采取间接民主制度实现人民权力。人民掌握国家权力可以通过两种途径实现：一种是人民作为国家的主人直接管理自身事务，不通过任

---

〔1〕 陈征：《党政机关合并合署与行政活动的合法化水平》，载《法学评论》2019年第3期，第28页。

何中介和代表，即直接民主；另一种是人民通过选出的代表代为管理自身事务，即间接民主，也叫代议制民主。[1]在现代国家，直接民主几乎不具备可行性，世界各个民主国家主要采取间接民主方式，我国也不例外。由全体人民选举出的代表所组成的全国和地方各级人民代表大会，收集和代表人民意愿，代表人民行使国家权力，向产生其的人民负责。

"人民依照法律规定，通过各种途径和形式，管理国家事务，管理经济和文化事业，管理社会事务"，该条款将国家权力面向的国家生活的方方面面纳入人民的管理范围，确保人民当家作主的真正地位。同时，对人民行使国家权力的途径和形式作出了最宽泛的规定，保障了人民参与国家治理的各种可能性。

我国《宪法》第 3 条第 3 款规定："国家行政机关、监察机关、审判机关、检察机关都由人民代表大会产生，对它负责，受它监督。"不同于美国、英国等国家的三权分立制度，我国的五种公权力并不处于统一层级，立法权高于其他公权力，行政机关、检察机关、审判机关和监察机关都要由立法机关产生，对它负责，受它监督。《宪法》第 3 条第 2 款规定："全国人民代表大会和地方各级人民代表大会都由民主选举产生，对人民负责，受人民监督。"人民选举产生人大，人大产生国家行政机关、监察机关、审判机关、检察机关；行政权、检察权、审判权和检察权向人大负责，受人大监督，人大对人民负责，受人民监督。由此，在立法权以外的公权力机关、立法机关和人民之间便形成了逐层由上产生、向上负责、受上监督的民主关系链条。这种"产生"与"负责""监督"的关系越紧密，民主合法化程度就越高。换言之，增强公权力的民主合法性应当在自下而上的"产生"和"监督"以及自上而下的"负责"两方面着力提高。

二、民主原则的实现方式

全体人民、人民代表大会和其他公权力机关是民主合法化链条上最为重

---

[1] 陈征：《党政机关合并合署与行政活动的合法化水平》，载《法学评论》2019 年第 3 期，第 28 页。

要的三个主体。在间接民主模式下，人民与人民代表大会的联系和立法机关与其他公权力机关的联系共同构成民主合法化链条上的两个环节，人民的意志通过这两个环节逐层传递到国家管理的方方面面。

在人民与立法机关的关系上，一方面，人民相信由其选举出的代表，经由其完成意见的表达与建议的实现。另一方面，人民对人大代表的履职情况可以存在合理怀疑，人大代表应当接受人民的监督，确保人大代表真正代表人民。正如布坎南所言："当有效的权力从君主手中转移到议会时并非万事大吉""不仅需要对议会的行为设置界限，使其行为在可接受的范围内，而且这种约束不少于甚至应多于对非民选的统治者的约束"。[1]

民主既要防止其他国家机关脱离人民代表大会的制约，也要防止国家机关对人民整体意志的背离。[2] 在立法机关与其他公权力机关的关系方面，立法机关对其他公权力机关的调控主要表现为"用人"和"治事"两个方面。

在"用人"方面，人大选举和决定其他公权力机关的负责人，[3] 从人事任命上对其他公权力机关的人员组成进行上层控制。虽然通过人事手段不能完全保证民主合法性，但基本可以确定由此程序产生的公权力机关人员组成能够不完全背离人民的意愿。

在"治事"方面，人大的主要调控手段是通过制定法律和审批年度预算，在事务和内容上对其他国家机关提出合法化要求，确保公权力的行使不违背人大的意愿。法律的覆盖范围广、效力高，人大通过民主立法程序将人民多数意见固定成为最重要的行为守则，对行政权、司法权等公权力的行使发挥着长效指引作用。行政机关是执法机关，法律是行政行为的准绳，行政

---

〔1〕［美］詹姆斯·M.布坎南、理查德·A.马斯格雷夫：《公共财政与公共选择：两种截然不同的国家观》，类承曜译，中国财政经济出版社2001年版，第83页。

〔2〕肖蔚云：《我国现行宪法的诞生》，北京大学出版社1986年版，第104页。

〔3〕《宪法》第62条规定："全国人民代表大会行使下列职权：……（四）选举中华人民共和国主席、副主席；（五）根据中华人民共和国主席的提名，决定国务院总理的人选；根据国务院总理的提名，决定国务院副总理、国务委员、各部部长、各委员会主任、审计长、秘书长的人选；（六）选举中央军事委员会主席；根据中央军事委员会主席的提名，决定中央军事委员会其他组成人员的人选；（七）选举国家监察委员会主任；（八）选举最高人民法院院长；（九）选举最高人民检察院检察长；……"

权的行使应严格遵守法律保留原则，无法律规定时不得行使行政权，行政权的履行方式也应当符合法律的规定。司法权的行使则表现出较强的独立性，奉行独立审判原则，《宪法》第131条规定："人民法院依照法律规定独立行使审判权，不受行政机关、社会团体和个人的干涉。"在个案审判中，部分个人的意志不得代表民意影响法官的审判，这并非意味着司法权的行使违背民主原则。民主原则的民意是人民的意志，而宪法中的民主合法化主体是人民整体，人民范围中的某一个体或群体只属于人民的一部分，不得独立被视为宪法中的人民，无法作为合法化主体赋予国家权力合法性，否则国家权力将会被某一个体或群体操纵，这显然违背民主原则。[1]事实上，人民整体意志已经通过制定法律得以体现，司法活动遵守法律即是尊重和反映民意，正如马克思所言"法官除了法律就没有别的上司"。[2]

　　除了立法手段外，预算也是人大调控其他公权力运行的重要方式。预算与法律一样，需要经各级人民代表大会经严格的民主程序审查批准，"经人民代表大会批准的预算，非经法定程序，不得调整。各级政府、各部门、各单位的支出必须以经批准的预算为依据，未列入预算的不得支出"。[3]在效力级别上，预算与法律并无差别。预算与法律的差异主要体现在对国家权力的影响方式和灵活性两方面。在对国家权力的影响方式方面，预算是以授权的方式限权，经审批的预算确定了国家权力的活动上限，但不要求国家权力行使必须达到某一下限。法律对国家权力的要求则更为严格，区分具体情况约束国家权力活动的上限和下限，甚至可以要求国家权力必须以法律规定的某种方式行使。在灵活性方面，预算须根据每年的实际财政收入情况和支出需求而编制并经当年的人民代表大会审查批准，较之于法律的稳定性，年度预算更具灵活性，可以与法律在功能上互补，分别针对常规性问题和灵活性问题发挥作用。

---

　　〔1〕　陈征：《党政机关合并合署与行政活动的合法化水平》，载《法学评论》2019年第3期，第29页。

　　〔2〕　《马克思恩格斯全集》（第1卷），人民出版社1995年版，第180~181页。

　　〔3〕　《预算法》第13条。

第二节　财政民主与预算活动

　　财政与民主从来就是密不可分的，代议制民主制度的出现就是议会对国王财政专权进行制约的结果。[1] 现代预算制度和议会制度均产生于英国，二者的产生具有同一性。以限制王权为核心的 1215 年《大宪章》既是英国预算制度形成的起点，也是英国议会制度雏形的发端。在此后的四百余年间，议会与国王围绕财政权不断斗争，最终经过"光荣革命"，于 1689 年通过了《权利法案》，标志着议会最终获得了控制法定的财政控制权，议会制在英国真正得以确立。[2] 在与王权的斗争中，预算产生和发展，并且成为支撑现代民主的重要制度之一。[3] 在美国，财政权对民主的重要意义也在立宪之初就被充分认识到。联邦党人曾鲜明地提出："事实上，掌握国库的权力可以被认为是最完善和最有效的武器，任何宪法利用这种武器，就能把人民的直接代表武装起来，纠正一切偏差，实行一切正当有益的措施。"[4] 有学者曾断言"预算是落实民主政治最原始亦是最有效的工具。"

　　财政民主主义所要求的是，人民通过一定的程序和方式，行使对重大财政事项的决定权。[5] 布坎南在民主财政理论中提出，个人参与公共决策是民主社会的基本前提。[6] 人民行使财政事项决定权的最主要方式即是预算。财政活动主要包括财政收入和财政支出两个方面，而预算是统筹安排财政收入与财政支出的财政管理活动。从狭义上看，财政事务属于国家经济事务，依照我国《宪法》第 2 条第 3 款的规定，理应属于人民管理国家事务的范

---

[1] 邓研华：《预算改革的理想与现实：政治学的视角》，中国社会科学出版社 2017 年版，第 29~31 页。

[2] 陈仪：《"激活"人大预算审批权力——评承德政府预算两遭人大驳回》，载《甘肃行政学院学报》2009 年第 4 期，第 27 页。

[3] 闫海：《预算民主：预算审批权为中心的构建》，载《重庆社会科学》2007 年第 4 期，第 103 页。

[4] ［美］汉密尔顿等：《联邦党人文集》，程逢如等译，商务印书馆 1980 年版，第 297~298 页。

[5] 熊伟：《财政法基本原则论纲》，载《中国法学》2004 年第 4 期，第 99 页。

[6] ［美］詹姆斯·M. 布坎南：《民主财政论：财政制度和个人选择》，穆怀朋译，商务印书馆 1993 年版，第 12 页。

畴，是最重要的民主活动事项之一。从广义上看，财政活动不仅限于国家经济事务领域，更与政治活动密切相关。"每年的财政预算不仅仅是经济计划，也是来年政治活动的安排。财政收入的来源和结构，财政支出的投向和比例，其实都反映出国家的政治意图。"〔1〕对财政活动的民主参与和决策作用也会辐射到政治领域，借由财政决策影响政治决策。正因如此，预算的重要意义也不仅局限于统筹国家财政收支，预算的真正作用在于经济数字背后的政治安排，人大代表审查预算即是审查年度国家权力行使计划，批准预算即是同意年度行动计划并授权国家权力机关执行。

任何国家机关的运行均离不开财政支持，财政支持的数量、范围、方式等直接影响权力运行方式，因此几乎可以说控制财政是控制权力的最佳途径。为了避免国家滥用财政、滥用权力，人民希望将财政权掌控在自己手中。根据广泛应用于预算关系的委托代理理论（Principal-agent Theory），〔2〕执政者不过是主权者任命的官吏，以主权者的名义行使主权者托付给他们的权力，主权者能够在任何时候限制、改变或者收回这种权力。〔3〕在预算关系中，人民是委托人，使用国家财政的公权力是受托人，人民赋予其支配国家财政的权力，公权力必须按照人民委托的内容和方式满足社会公众需要。国家财政活动的内容和方式须完整体现在提交审议的预算方案中，预算方案被人民批准方可形成当年的预算委托代理关系。人民是我国国家权力的来源，宪法保障其通过各种渠道参与国家管理和权力监督，既然控制财政是控制权力的有效途径，那么良好的预算制度可以使人民经由审批预算来参与国家管理决策，经由监督预算执行情况来监督公权力运行。

此外，国家财政收入的主要来源是税收，纳税人负担国家财政供应，私有财产权因纳税而部分减损。纳税人将个人权利部分让与国家，因此更有权关心国家对税款的使用范围和使用方式。虽然税收取之于民和用之于民的范

---

〔1〕　熊伟：《财政法基本原则论纲》，载《中国法学》2004 年第 4 期，第 100 页。

〔2〕　委托代理理论是现代契约理论的主要组成部分，其主要研究内容是在参与者存在利益冲突和信息不对称的前提下，授权者，即委托人如何根据契约，指定被授权者，即代理人为其服务。参见魏陆：《完善我国人大预算监督制度研究——把政府关进公共预算"笼子"里》，经济科学出版社2014 年版，第 27 页。

〔3〕　［法］卢梭：《社会契约论》，李平沤译，商务印书馆 2011 年版，第 65 页。

围不完全一致，每一位纳税人的纳税付出之所失与享受公共资源之所得的程度并不相同，纳税人个人不能准确指定纳税为自己换取哪些公共资源，但从整体上看，公民可以通过预算控制财政，使公权力的行使不偏离纳税人利益，个人让渡的权利不被滥用。因此，作为纳税人的人民关心国家财政的详细规划，要求参与预算活动具有不言自明的合理性。

人民参与预算活动最主要的方式即是通过人民代表大会审查、批准和监督年度预算，这也是间接民主制度下人民管理国家事务方方面面的最主要方式。通过间接民主的方式参与国家管理是人民管理财政事务与管理其他国家事务的共性，此外，预算活动还可以在一定程度上发挥直接民主的优势，最典型的例证当属参与式预算改革。参与式预算是一种创新的决策过程，公民直接参与决策，决定或有助于决定本地区可支配公共资源的最终用处。[1]预算之所以可以在一定程度上实现直接民主，而不同于制定法律等其他事项，是因为我国实行一级政府一级预算的预算管理方式，本级政府编制的预算经本级人大审查批准后即生效，无须全国人大审批。换言之，地方人民可以自主决定本地区的财政事务，地方预算可以更好地满足本地区人民对公共物品和公共服务的需求。

综上，民主原则在预算活动中既可以通过间接民主的方式实现，也可以直接民主的方式实现，间接民主和直接民主分别对应着不同的预算活动，民主原则在这些不同的预算活动中也发挥着不同的指引作用。简而言之，在人大主导的预算审批环节主要是间接民主，由人大代表表达全体人民的意愿，对预算进行审查和批准。在行政机关主导的预算编制环节与预算执行环节，既要加强间接民主制度下行政机关对人大的负责程度，也可以引入直接民主，加强公众参与。在预算监督和预算公开方面，原本就应当有公民的直接参与，通过预算公开的信息了解财政安排和预算执行情况，强化公众对预算的监督。本书将分别针对这三个方面展开详细分析论述，针对我国现有预算体制的有待完善之处，从增强民主合法性的角度提出建议。

---

〔1〕 陈家刚：《参与式预算的理论与实践》，载《经济社会体制比较》2007年第2期，第52页。

第三章

预算权的配置

第一节　人大和政府的预算职权

预算程序包括预算的编制、审批、执行、调整与监督等五个环节。如前所述，预算是人大对政府的授权，目的是以授权的方式限权。这五个环节所涉及的预算职权在人大和政府之间的配置关系直接影响预算过程的民主合法化程度。总的来说，在我国，人大和政府的预算职权可总结为如图 1 所示的配置关系。

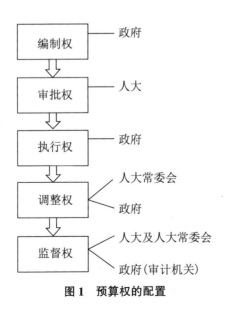

图 1　预算权的配置

人大的预算审批权和政府的预算编制权、执行权是宪法所赋予的职权。我国《宪法》第 62 条规定全国人民代表大会的职权包括 "审查和批准国家的预算和预算执行情况的报告"；第 67 条规定全国人民代表大会常务委员会的职权包括 "在全国人民代表大会闭会期间，审查和批准国民经济和社会发展计划、国家预算在执行过程中所必须作的部分调整方案"；第 89 条规定国务院的职权包括 "编制和执行国民经济和社会发展计划和国家预算"；第 99 条规定 "县级以上的地方各级人民代表大会审查和批准本行政区域内的国民经济和社会发展计划、预算以及它们的执行情况的报告"。

预算职权的配置方式体现了预算过程中的民主关系。与其他所有国家权力一样，预算权的最终来源也是全体人民，人民是国家的主人，行政机关等国家权力机关是接受人民委托管理国家事务的代理人。全体人民对政府等国家权力机关的委托通过人大作为人民的代表去完成。人大代表全体人民审查和批准预算草案，经批准的预算成为委托人和代理人之间的契约，作为契约的预算要求行政机关等国家权力机关的财政收支行为必须严格按照经审批的预算内容执行，否则即会违背委托代理关系。可以认为，预算的审批过程即是人大对政府的委托过程，预算的执行过程即是政府履行受托责任的过程，而预算的监督过程则是对受托责任的履行情况的监督，及时提出问题并加以纠正。预算编制由政府负责是因为政府具体负责预算的执行，对财政收入和支出情况最为了解，可以充分参考之前的预算执行情况来编制本年度的预算计划。预算编制与预算执行由同一主体负责是最合理的安排，人大不具有此方面的优势。一般来说，经批准的预算即具有法律效力，必须被严格执行，不得指定新的增加或减少财政收入或者支出的政策、措施。然而，当出现确需调整预算的情况时，必须经法定程序方可调整。预算的调整可以被视为新一轮的预算编制、审批、执行和监督过程，不同的是预算调整发生于预算执行过程中，人大处于闭会状态，故而预算调整方案的审批只得由人大常委会审批，编制和执行预算调整方案的职权仍在政府。

具体来说，人大主导的预算审批在人大、人大常委会、人大专门委员会之间存在着具体分工；政府主导的预算编制和预算执行也可在内部划分为本级政府、政府部门、政府财政部门的不同分工；由人大和政府配合开展的预算调整和预算监督同时涉及人大与政府内部的具体分工。从纵向来看，政府和人大的预算职权又存在中央和地方的不同。考虑到政府与人大的内部分工及中央与地方层级的不同，根据《宪法》《预算法》《预算法实施条例》等法律法规，本书尝试以职权主体为标准，对预算职权的具体划分情况进行梳理，分别是人大主导的预算审批（表2）、行政机关主导的预算编制与执行（图2、图3）、人大与行政机关配合的预算调整与监督（图4、表3）。下文将分别以几张图表总结不同职权主体主导的预算环节中的具体职权配置情况。

表2　预算审批职权的具体配置情况

	人大	人大常委会	专门委员会
中央	审查： ［央＋地］预算草案＋预算执行情况报告 批准： ［央］预算＋预算执行情况报告 ［央＋地］政府债务的余额限额	审查＋批准： ［央］预算调整方案＋决算 ［央＋地］政府债务的余额限额	初步审查： ［央］预算草案初步方案＋上一年预算执行情况＋预算调整初步方案＋决算草案
省、自治区、直辖市	审查： ［本级＋汇总的下一级］预算草案及预算执行情况报告 批准： ［本级］预算和预算执行情况报告	审查＋批准： ［本级］预算调整方案＋决算	初步审查： ［本级］预算草案初步方案＋上一年预算执行情况＋预算调整初步方案＋决算草案
设区的市、自治州		审查＋批准： ［本级］预算调整方案＋决算 （未设立专门委员会的）研究提出意见： ［本级］预算草案初步方案＋上一年预算执行情况＋预算调整初步方案＋决算草案	初步审查： ［本级］预算草案初步方案＋上一年预算执行情况＋预算调整初步方案＋决算草案

	人大	人大常委会	专门委员会
县、自治县、不设区的市、市辖区		审查+批准： ［本级］预算调整方案+决算 初步审查： ［本级］预算草案初步方案+上一年预算执行情况 （常委会有关工作机构） 研究提出意见： ［本级］预算调整初步方案+决算草案	/
乡、民族乡、镇	审查+批准： ［本级］预算+预算执行情况报告+预算调整方案+决算	/	/

预算审批的对象主要包括：预算、预算执行情况、预算调整方案、决算以及政府债务余额限额。

从审批对象上看，预算和预算执行情况由全国和地方各级人大审批，预算调整方案、决算由全国和地方各级人大常委会审批，政府债务余额限额的审批主体取决于国务院提出政府债务余额限额的时间，如果在人大开会时提出，则由人大审批；如果在人大闭会时提出，则由人大常委会审批。由全国和地方各级人大审批具有最高的民主合法性，然而人大并非常设机构，每年的开会时间非常有限，预算调整、决算以及确定政府债务余额限额往往发生于人大闭会期间，因此，发生于闭会期间的上述预算事项只能由全国和地方各级人大常委会审查批准。虽然人大常委会在民主合法性上不及人大，但这些发生于人大闭会期间的预算事项如果不经民主审批即执行，则会明显违背民主原则。由人大常委会在人大闭会期间审批上述预算事项，是在我国人大制度下最具现实性和适当性的选择。

从审批流程上看，在人大或人大常委会开会正式审查预算事项前，人大专门委员会（财政经济委员会或有关专门委员会）提前对预算草案初步方案、上一年预算执行情况、预算调整初步方案和决算草案开展初步审查，提出初步审查意见。未设立专门委员会的，由本级人大常委会和本级人大常委会有关工作机构提出意见。本级政府财政部门应当根据初步审查意见及时进行处理，并将处理情况及时反馈给人大专门委员会等初步审查主体。人大代表来自各行各业，虽然可以保障所代表的人民的广泛性，但却难以在预算等专业性较强的问题上展开有效审议。当代议机关的组成人员达到一定规模时，如果没有组织及功能上的分工，那么人数众多的代议机关便很难正常顺利地开展工作，[1]因此，将实质的工作移转至许多专业的下级组织乃是不可或缺的。全国人大财政经济委员会和地方人大有关专门委员会的设立可以在很大程度上解决人大代表审议预算的专业性问题。在人大代表审批预算事项前的合理时间内，由专门委员会提前进行初步审查，总结关键问题，提出专业意见，有利于提高人大代表的审查效率和质量。

预算的编制由各级政府负责，各级政府财政部门依照法律法规的规定，制定本级预算草案编制规程。每个预算单位具体负责本单位的预算编制，层层向上报送审核、汇总：各单位编制本单位预算草案报送其所属的部门审核、汇总；各部门汇总编制本部门的预算草案，报本级政府财政部门审核、汇总；地方各级政府财政部门审核本级各部门的预算草案，具体编制本级预算草案，汇编本级总预算草案，经本级政府审定后，报上一级政府财政部门。各级政府财政部门具体负责本级预算草案的编制。政府财政部门的预算编制工作可分为审核与汇编两部分。审核的是本级各部门预算草案，发现不符合预算编制要求的，直接纠正。汇编的是本级总预算草案，汇编时需要对下级政府财政部门报送的下级预算草案进行形式审查，发现下级预算草案不符合上级政府或者本级政府编制预算要求的，应当及时向本级政府报告，由本级政府予以纠正。

---

〔1〕　刘怡达：《全国人大专门委员会的设置缘由与影响因素》，载《研究生法学》2019 年第 1 期，第 2 页。

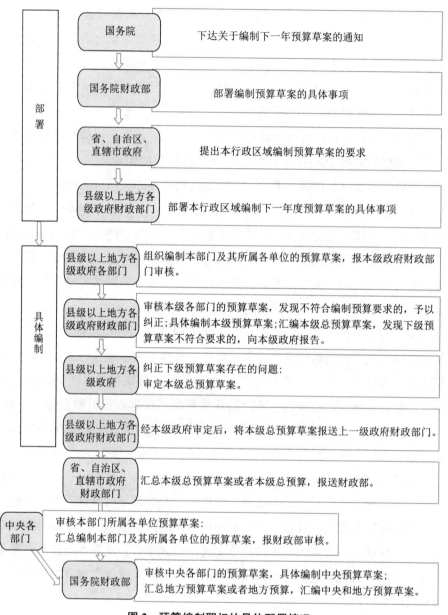

图2 预算编制职权的具体配置情况

各级政府	组织本级预算的执行： • 管理和监督国库； • 决定本级预算预备费的动用方案； • 国务院确定各个地方的政府债务余额限额； • 省级政府在特定情况下经本级人大或人大常委会批准可以增列赤字
各级政府财政部门	负责具体预算执行工作： • 各级国库库款的支配权； • 提出本级预算预备费的动用方案； • 管理本级预算周转金。 • 国务院财政部门具体负责对中央政府债务的统一管理。
各部门、各单位	负责本部门、本单位的预算执行。

图 3　预算执行职权的具体配置情况

在预算编制中，“部门”的地位非常重要。部门预算是各级预算的组成单位，各部门预算包含本部门其所属各单位的预算。〔1〕虽然一些由国家财政支持的单位不直接与本级政府财政部门发生预算缴拨关系的预算单位，但其预算收入中财政拨款的部分来源于其所属的部门，而其所属的部门与财政部门具有直接的预算缴拨关系，作为预算编制单位的“部门”不仅指政府部门，而是指与本级政府财政部门直接发生预算缴拨款关系的国家机关、军队、政党组织、事业单位、社会团体和其他单位。〔2〕这就将一切接受国家财政支持的机关、单位和组织都纳入到了预算的约束范围内。

预算的执行过程即是各预算单位按照预算的内容行使人大授权的过程。各级政府负责组织预算的执行，按照民主原则的要求，政府的行为应当严格符合人大的授权或委托。政府执行预算的自由空间越大，越容易背离民主原

〔1〕如：纳入民政部 2020 年部门预算编制范围的二级预算单位包括：民政部本级、民政部地名研究所、民政部信息中心、民政部档案资料馆、民政部社会组织服务中心、国家康复辅具研究中心（含附属康复医院）、民政部社会福利与社会进步研究所、民政部一零一研究所、民政部机关服务局、北京社会管理职业学院、海峡两岸婚姻家庭服务中心、民政部低收入家庭认定指导中心等 12 家单位。参见中华人民共和国民政部：《2020 年度民政部部门预算》。

〔2〕《预算法实施条例》第 4 条规定：“预算法第六条第二款所称各部门，是指与本级政府财政部门直接发生预算缴拨款关系的国家机关、军队、政党组织、事业单位、社会团体和其他单位。”

则。按照我国目前的预算制度，政府在预算执行中的权限仍然偏高，尤其体现在国务院对政府举债的决定权方面，全国人大或全国人大常委会只确定债务余额的限额，其余债务发行和管理权限全部由国务院掌握。此外，人大开会前审批年度预算前的预算执行也由政府自行决定，人大开会审批只起到追认作用。如何控制政府行为是现代预算的核心任务，也是我国预算法的立法宗旨，而当前的预算制度赋予政府过大的预算执行权限，未来的预算制度完善应当朝着进一步规范政府权限而努力。

编制	• 各级政府：负责编制预算调整方案（省、自治区、直辖市依照国务院下达的限额举借的债务，列入本级预算调整方案）。
初步审查/提出意见	• 全国人大财政经济委员会：初步审查中央预算调整初步方案。 • 省、自治区、直辖市的人大有关专门委员会：初步审查本级预算调整初步方案。 • 设区的市、自治州的人大有关专门委员会：初步审查本级预算调整初步方案，或本级人大常务委员会对本级预算调整初步方案提出意见。 • 县、自治县、不设区的市、市辖区的人大常务委员会有关工作机构：对本级预算调整初步方案提出意见。
审查批准	• 全国人大常务委员会：审查和批准中央预算的调整方案。 • 县级以上地方各级人大常务委员会：审查和批准本级预算的调整方案。 • 乡、民族乡、镇人大：审查和批准本级预算的调整方案。
备案	• 地方各级政府：将经批准的预算调整方案报上一级政府备案。

图 4　预算调整职权的具体配置情况

预算调整发生于预算执行过程中。年度预算经审批后，各级政府一般不制定新的增加或减少财政收支的政策和措施，必须作出并需要进行预算调整的，应当通过预算调整程序进行。预算调整意味着经审批的预算不能按照计划的方式执行，需要作出改变，那么预算调整的过程其实就是新一轮的预算编制、审批、执行的过程，需要人大与政府配合完成。预算调整方案制定的规范性不得低于预算草案的制定，审批的严格性也不得低于预算审批。唯一不同的是预算调整发生于人大闭会期间，只能由人大的常设机构——人大常委会去审批。各级政府一方面不得滥用预算调整权去改变已经被人大审批确定的预算，应当严格执行预算；另一方面，在发生必须调整预算的情况时，也不得不经预算调整程序即自行决定变更预算执行。

表 3　预算监督职权的具体配置情况

	人大	人大常委会	政府	政府财政部门	政府审计部门	各部门
中央	监督中央和地方的预算、决算；改变或者撤销全国人民代表大会常务委员会关于预算、决算的不适当的决议。	监督中央和地方的预算、决算；撤销国务院制定的同宪法、法律相抵触的关于预算、决算的行政法规、决定和命令；撤销省、自治区、直辖市人民代表大会及其常务委员会制定的同宪法、法律和行政法规相抵触的关于预算、决算的地方性法规和决议。	监督中央各部门和地方政府的预算执行；改变或者撤销中央各部门和地方政府关于预算、决算的不适当的决定、命令；监督本级国库。	监督本级各部门及其所属各单位预算管理有关工作；监督地方政府债务实施。	审计监督本级各部门（含直属单位）和下级政府预算的执行情况和决算以及其他财政收支情况。	监督检查本部门所属各单位的预算执行。
省、自治区、直辖市 设区的市、自治州 县、自治县、不设区的市、市辖区	监督本级和下级的预算、决算；改变或者撤销本级人民代表大会常务委员会关于预算、决算的不适当的决议；撤销本级政府关于预算、决算的不适当的决定和命令。	监督本级和下级的预算、决算；撤销本级政府和下一级人民代表大会及其常务委员会关于预算、决算的不适当的决定、命令和决议。	监督本级各部门和下级政府的预算执行；改变或者撤销本级各部门和下级政府关于预算、决算的不适当的决定、命令；监督本级国库。	监督本级各部门及其所属各单位预算管理有关工作。		

	人大	人大常委会	政府	政府财政部门	政府审计部门	各部门
乡、民族乡、镇	监督本级的预算、决算；撤销本级政府关于预算、决算的不适当的决定和命令。	/	监督本级政府的预算、决算；监督本级国库。		/	

　　预算监督贯穿于预算全过程，多个主体分工配合，各自从不同方面监督预算事务。各预算部门、各级政府财政部门与各级政府的监督属于内部监督，为了保障行政系统内部的工作质量。审计监督应当属于独立的外部监督，但我国的审计机关隶属于各级政府，审计监督的独立性不佳。人大监督属于外部权力监督，是人民监督预算的渠道。预算是人大对政府的授权，人大监督政府执行情况就是监督政府完成人大授权的情况。除了权力监督，还有重要的公众监督。预算的全过程都应当接受全体人民的监督，人民是预算权的根本来源。人民与政府之间存在着信息不对称，很难了解预算的真实情况，预算信息公开是唯一的破解之道。保障人民的知情权才能保障人民的监督权，预算公开是预算监督的必然要求，也是人民直接参与预算事务的重要渠道。

　　从以上预算各环节中的具体职权安排可以将预算权按主体配置的情况总结为：人民代表大会及其常委会掌握着预算权力的核心——审批权，既包括每个预算年度开始之前的整体预算审批权，也包括预算执行过程中发生的部分预算调整审批权。政府主导预算的编制和预算的执行。预算监督需要人大、政府和公民等多主体的共同参与。下文将分别对人大审批预算、政府执行和编制预算、多主体共同监督预算分别展开详细分析。剖析当前预算制度的深层问题，并探寻解决方案。

第二节　党政机构合并改革后的预算职权

2018 年 3 月起，党和国家机构进行了一次大规模的深化改革。本次改革主要涉及党的机构与职责相近的国家机构合并设立或者合署办公，强化党对一切事务的领导。跨体系的大范围机构合并意味着党正在广泛进入传统的行政管理领域，党的管理由政治、思想、组织等党内事务领域扩展到党外领域，国家权力行使方式发生重大变革。在预算方面，面对前所未有的大范围跨体系机构合并，预算相关法律是否仍充分且适当？如何理解党的领导与人大行使预算职权的关系？合并后的新机构属于党的机构，人大可否对党的机构行使预算审查监督权？这些问题无疑对我国预算制度适应机构改革提出了新的挑战。

一、党政机构改革的背景

此次党政机构改革是我国改革开放以来的第八次机构改革，也是改革开放以来规模最大、程度最深的一次机构改革。[1] 2017 年 3 月，中共中央印发《中国共产党工作机关条例（试行）》，第一次提出了党与国家机关合并合署的改革思路。该条例第 5 条第 2 款规定"根据工作需要，党的工作机关可以与职责相近的国家机关等合并设立或者合署办公……"经历近一年的筹划与部署，2018 年，党的十九届三中全会通过了《关于深化党和国家机构改革的决定》（本章简称《决定》）和《深化党和国家机构改革方案》（本章简称《方案》），并把《方案》的部分内容按照法定程序提交第十三届全国人大一次会议审议。2018 年 3 月，第十三届全国人大一次会议通过《关于国务院机构改革方案的决定》。至此，本次机构改革方案全部确定。

根据《决定》，深化党和国家机构改革的首要任务是"加强党对各领域各方面工作领导"。在具体机构改革方案上，不同于以往集中于行政体系内

―――――――――

〔1〕 参见许耀桐：《党和国家机构改革：若干重要概念术语解析》，载《上海行政学院学报》2018 年第 5 期，第 4 页。

部的大部制改革思路，这次党政机构改革的重要特点之一是党的机构与国家机构的跨体系合并设立与合署办公，目的是整合优化力量和资源，发挥综合效益，防止机构重叠、职能重复、工作重合。虽然本次改革也涉及党、政府、人大、政协、团体组织等各自内部的组建、重组、整合等变化，但上述系统内部的机构改革对预算制度影响不大，因此本书暂不考虑这些机构系统内部的改革。

根据《方案》，此次机构改革涉及党和政府机构（或政府机构的部分职能）合署与合并的具体情况又不尽相同。合署办公是指两个或两个以上机构由于职能相近或密切相关而在同一地点办公，双方在一些职能职责、内设机构、人员编制上仍保持相对的独立。[1] 但合署办公不同于联合办公，后者只是将不同机构的办公空间物理整合，[2] 而合署的两个机构的人员和资源可在上级统一指挥调度下视工作需要而灵活运用。本次机构改革涉及跨体系合署办公的情况主要是中央纪律检查委员会与国家监察委员会合署办公，而后者吸收了原监察部、原国家预防腐败局和最高人民检察院查处贪污贿赂、失职渎职以及预防职务犯罪等反腐败相关职责。

合并设立是指两个或两个以上机构的职责进行重组、整合，组成了一个新的机构。合并设立为一个机构后，又视合并程度分为"两块牌子""保留牌子""加挂牌子"三种情况。[3] 本次机构改革中跨体系的党政机构合并形式均为政府机构（职能）并入党的机构，合并后，这些政府机构（职能）不再属于国务院的管理范围，而由党中央直接进行管理。[4] 归入党中央管理的原政府机构（职能）包括国家公务员局、国家宗教事务局、国务院侨务办公室、国家新闻出版广电总局的新闻出版管理职责和电影管理职责、国务

---

〔1〕 参见秦前红、陈家勋：《党政机构合署合并改革的若干问题研究》，载《华东政法大学学报》2018 年第 4 期，第 84 页。

〔2〕 参见刘权：《党政机关合署办公的反思与完善》，载《行政法学研究》2018 年第 5 期，第 40 页。

〔3〕 参见许耀桐：《党和国家机构改革：若干重要概念术语解析》，载《上海行政学院学报》2018 年第 5 期，第 8~9 页。

〔4〕 《中共中央印发〈深化党和国家机构改革方案〉（全文）》，载新华网：http://www.xin-huanet.com//zgjx/2018-03/21/c_137054755.htm，最后访问日期：2020 年 5 月 15 日。

院台湾事务办公室、国家互联网信息办公室、国家档案局、国家保密局、国家密码管理局、国家民族事务委员会、国家行政学院等。大范围的跨体系党政机构合并改变了我国较长时间以来党政分开的权力运行格局，也对法律法规等配套制度的衔接提出了新的要求。

在机构改革前，长期以来中纪委一直与国务院监察部合署办公，我国在纪检监察方面跨体系合署办公已经积累了较丰富的经验。不同于党政机构合并改革的创新之处在于跨体系的机构合并，中纪委与监察委合署办公改革的创新在于监察委的设立，而不是合署办公的形式本身。改革的重点不同，对预算制度的影响也因而不同。不同于机构合并，合署办公的各机构仍保持一定的独立性，2018 年前，监察部一直作为独立的预算单位编制部门预算，不与中纪委混同。[1] 机构改革后，虽然与中纪委合署办公的单位不再是行政机构，但国家监察委在预算方面完全可以参考之前监察部与中纪委合署时的经验，在预算层面划分清楚与中纪委的界限，作为独立的中央预算单位编制预算。因此，中纪委与国家监察委的合署办公对原预算结构影响不大，下文主要分析机构合并改革对预算制度的影响。

二、机构合并背景下预算制度面临的挑战

除监察部和国家预防腐败局被监察委吸收后与中纪委合署办公外，本次改革跨党、政两系统的情况均为党政机构的合并，对外仍沿用原政府机构名称并不代表原政府机构仍参与新机构的管理，保留牌子、加挂牌子等处理方式只是为了改革的过渡，对外办公，应诉以及参与国际事务的便利。[2] 无论对外的牌子如何，涉及党政机构合并的原政府机构（职能）均被党的机构吸收成为党的机构职能，不再属于政府机构体系。此外，根据 2017 年《中国共产党工作机关条例（试行）》，党政机构合并合署后由党委主管，由此可以推测，如果未来有更多政府机构与党的机构合并，方式也将与本次合并

---

〔1〕　根据中纪委监察部信息公开年报平台 2013 年—2017 年预决算公开信息，各年度预决算均由监察部独立作出。载中纪委国家监委网站 http://www.ccdi.gov.cn/xxgk/xxgknb/，最后访问日期：2020 年 5 月 14 日。

〔2〕　张力：《党政机关合署办公的标准：功能、问题与重构》，载《政治与法律》2018 年第 8 期。

改革类似，由党的机构吸收政府机构，原政府机构职能由党的机构承担，而非将党的机构职能并入政府机构由政府主管。这样的机构改革模式对我国以《预算法》为核心的现行预算制度提出了新的挑战。根据我国现行《预算法》，预算制度的约束对象是政府，《预算法》第 1 条明确规定："为了规范政府收支行为，强化预算约束，加强对预算的管理和监督，建立健全全面规范、公开透明的预算制度，保障经济社会的健康发展，根据宪法，制定本法。"第 4 条第 2 款也规定："政府的全部收入和支出都应当纳入预算。"[1]如果从字面理解，党政合并后的新机构（以下简称为"新机构"）属于党的机构体系，不再属于政府体系，那么新机构将不受《预算法》的约束。

作为预算制度的核心，《预算法》在党政机构改革背景下面临的问题必须分析清楚并恰当解决。党政机构合并改革与现行《预算法》关于调整主体的规定有所冲突，而冲突的核心问题在于新机构是否仍受预算制度约束尚不明确。

三、党政合并后新机构的经费来源及新任务的公共性

党政机构合并后的新机构在管理关系上属于党的机构。纵观世界各国，政党财政收入主要来源于以下几个方面：国家财政补贴、党费上缴、选民捐赠、党产收益等。[2]不同于美国、英国等国家，我国执政党秉持为人民服务的理念，几乎不存在个人或企业捐款捐物支持政党运行的情况，且无党属财产。我国执政党的收入主要来源于国家财政拨款及党费收缴。根据《关于中国共产党党费收缴、使用和管理的规定》第 19 条规定："党费必须用于党的活动，主要作为党员教育经费的补充，其具体使用范围包括：（1）培训党员；（2）订阅或购买用于开展党员教育的报刊、资料、音像制品和设备；（3）表彰先进基层党组织、优秀共产党员和优秀党务工作者；（4）补助生活困难的党员；（5）补助遭受严重自然灾害的党员和修缮因灾受损的基层党员教育设施。"可见，党费使用范围主要集中于党员内部活动。

将原政府机构（职能）并入党的机构后，新机构的工作职能不再局限于

---

〔1〕 法条中的着重号为作者标注，并非《预算法》的原本规定。

〔2〕 刘守刚、郝煜华：《政党政治的财政基础——政党财政类型的比较分析》，载《上海财经大学学报（哲学社会科学版）》2008 年第 6 期，第 19 页。

领导党内活动，也扩展到对传统行政事务的领导。以国家公务员局并入中组部为例，机构调整后由中组部统一管理公务员录用调配、考核奖惩、培训和工资福利等事务，研究拟订公务员管理政策和法律法规草案并组织实施，指导全国公务员队伍建设和绩效管理，负责国家公务员管理国际交流合作等。[1]中组部新增管理公务员工作的职能突破了党员内部活动范围，扩展到为全国人民提供的公共服务范围，显然，中组部管理公务员的工作开支不属于党费的使用范围。与此类似，其他政府机构（职能）并入党的机构后，履行新增职能的支出并不符合使用党费的条件。据此，几乎可以肯定党政机构合并后，由于新任务的公共性，党在新机构中履行新增职能的支出需要由国家财政负担。

保证预算完整的最终目的在于保障人民参与国家财政管理和制定公共任务的权利，进而促进国家的民主法治进程。为了让人民充分实现上述权利，各级预算单位必须将全部财政收支计划如实编入年度预算。在公共任务日益复杂的今天，仅依靠政府不再能满足人民对公共服务的需求，公共任务不再等同于政府任务，人民对公共服务越来越高的需求使国家财政不得不支持更多公共任务，预算不再简单等同于政府预算，预算单位也由政府机构扩展到所有执行公共任务并使用财政经费的组织机构。本次党政机构改革后，执政党开始广泛参与传统行政任务乃至其他公共任务的管理，这些任务与国计民生息息相关，并且以国家财政拨款为任务执行的主要经费来源，因此无论从本质上还是形式上均符合公共预算任务的特征，需要受到预算制度的约束。

四、机构改革后预算规范来源之惑：党内法规还是国家法律？

现行预算制度制定于党政机构改革前，由国家法律法规组成。"传统观点认为全国人大及其常委会制定的法律和地方人大制定的地方性法规不适用于党的工作机关，对于党的工作机关，一般适用党内法规。"[2]然而，这些

---

〔1〕《中共中央印发〈深化党和国家机构改革方案〉（全文）》，载新华网：http://www.xinhuanet.com/zgjx/2018-03/21/c_137054755.htm，最后访问日期：2020年5月14日。

〔2〕陈征：《党政机关合并合署与行政活动的合法化水平》，载《法学评论》2019年第3期，第28页。

传统理论产生于党政机构合并改革之前，彼时，党的工作机关的工作职能限于党内事务，而合并后的新机构除了从事党内活动外，还需要履行原本属于行政机关职责范围的公共任务职能。党内法规作为党内活动的规范来源毋庸置疑，但以之规范新机构履行公共任务则颇具争议。党政机构合并是前所未有的改革方式，传统理论无法完全适应改革后出现的新情况，因此，对新机构规范来源的理论分析应当结合党政机构合并改革背景突破传统理论的限制，处理好新机构遵守国家法律与遵守党内法规的关系，确保法律法规体系与改革后的党政机构体系相统一。

合并后的新机构属于党的机构，但这并不意味着免除了其遵守宪法和法律的义务。《宪法》第 5 条第 4 款和第 5 款明确规定："一切国家机关和武装力量、各政党和各社会团体、各企业事业组织都必须遵守宪法和法律。一切违反宪法和法律的行为，必须予以追究。任何组织或者个人都不得有超越宪法和法律的特权。"可见，党一方面在大局上领导人大的工作，一方面又要遵守人大通过的法律与决定，党的意志既要体现人民的意志，又要服从人民的意志。

对于工作内容具有党内职能和公共任务双重性质的新机构而言，其行为的规范来源也应一分为二进行分析。对于党内职能，由党内法规进行规范更为合理。党内法规是在从严治党的精神下制定的，较之于国家法律，党内法规往往更加严格，也更为具体。《中国共产党章程》是最根本的党内法规，[1]党章规定党必须在宪法和法律的范围内活动。[2]因此可以肯定，所有党内法规都应当符合国家法律并严于国家法律，新机构在党内职能部分遵守党内法规必然意味着同时遵守国家法律。由党内法规来规范新机构的党内活动既能保障政党自治，又不会突破宪法和法律的约束范围。

对于新机构的公共任务部分，由国家法律进行规范更为合理。党政机构合并后，党需要管理公务员事务、宗教事务、侨务工作、新闻出版工作、电影工作、国家计算机网络与信息安全管理工作、民族工作等传统行政事务，

---

〔1〕《中国共产党党内法规制定条例》第 3 条第 2 款规定："党章是最根本的党内法规，是制定其他党内法规的基础和依据。"

〔2〕《中国共产党章程》总纲最后一段规定："党必须在宪法和法律的范围内活动。"

这些事务不再局限于党员内部，新任务要求党对全体人民进行管理。党内法规的规范对象是党内活动，并不能直接用以规范公共事务。此外，制定党规的主体是党员，而公共事务的管理范围不局限于党员，也包括民主党派人士、无党派人士及群众等在内的全体人民，党规制定主体与新机构公共事务的管理范围不一致。

对于预算活动而言，只要新机构有财政收支行为，无论发生于党内职能部分还是公共任务部分，均必须符合国家法律组成的预算制度。财政收支行为是关系全体人民的公共行为，并非党内的职能行为，预算活动也非新机构的职能，而是全体人民对公共财政提出的外部要求，因此即使财政收支行为发生于新机构履行党内职能，也不应只由党内法规来规范。国家法律是公共行为的规范来源，财政收支属于公共行为，因此新机构的所有财政收支行为均需在国家预算法律框架下进行。如果新机构在党内职能部分发生了财政收支，那么由于这些财政收支是因新机构从事党内活动而发生，所以党内法规可以在预算制度框架内对这些产生财政收支行为的党内活动本身提出更严格的要求，但不得以党内法规替代国家法律去规范预算编制、执行等纯预算活动。至于新机构在公共任务部分的财政收支，则由于其发生于公共任务的执行，故而必须完全遵守国家法律组成的预算制度，党内法规不得对这部分的预算活动另行规范。可见，机构改革后，预算制度主体仍应由国家法律法规组成。由于党政机构合并后党的机构也需从事预算活动，因此应当将现行预算制度的约束主体由政府修改为一切财政收支行为主体，包括但不限于党政机构、司法机构、社会团体等，并相应修改与约束主体相关的其他规定，唯此方能在预算领域实现法律制度体系与党政机构体系的统一衔接。

五、人大审查监督新机构预算的合理性

按照传统理论，从主体资格而言，党非由人大产生也无须对人大负责。这种理论的背景是党政机构合并改革前，党政相对分开，党不直接从事行政活动，也不行使国家权力，人大当然不干涉党内事务。党政机构合并改革后，国家权力运行方式发生了重要变化，较多传统行政职能并入党的机构，行政权不再仅由行政机关行使，党的机构也广泛参与到行政活动中来，党也

成为国家权力（行政权）的行使主体。既然一切国家权力都属于人民，则无论行使国家权力的机关是谁，均需具有来自人民的合法性，宪法规定人民行使国家权力的渠道是全国人民代表大会，因此全国人大有权监督党从事的非党内行政活动，至于原来就属于党内职能的纯党务工作，人大依然不予干涉。党的新机构职能扩展必然无法脱离财政支持，与行政机关相同，新机构也需按照预算完整性的要求将一切涉及国家财政收支的活动纳入预算接受人大审批和监督。非使用国家财政经费的党内活动完全依据党内自治，无须人大参与，如使用党费培训党员，表彰优秀党务工作者，等等。

2018 年《宪法修正案》在正文中增加了"中国共产党领导是中国特色社会主义最本质的特征"，党的领导地位明确体现在宪法之中。此外，十九大修改了党章，删去了此前"党的领导主要是政治、思想、组织领导"的说法，强调"党是领导一切的"；[1]《决定》也指出深化党和国家机构改革要以坚持党的全面领导为原则，加强党对各领域各方面工作领导是改革的首要任务。可见，本次机构改革重点强调党对一切领域的领导，预算显然也包含在"一切"之中。

既然人大掌握预算审查监督权具备充分的合理性，那么机构改革后强化党的全面领导是否会削弱人大的预算职权，应当如何理解党在预算领域的领导与人大预算审查监督权的关系？2018 年 3 月，中共中央办公厅印发《关于人大预算审查监督重点向支出预算和政策拓展的指导意见》（以下简称《意见》）该《意见》是党中央向各级人大及其常委会提出的预算要求，涉及从总体要求到内容、程序、方法及组织保障等方方面面的详细意见。该《意见》可被认为是党与人大预算职权配置的党规来源，深入领会《意见》对于正确理解党对预算的领导意义深刻。

《意见》首段即指明要"加强人大预算决算审查监督职能"，"实现人大预算审查监督重点向支出预算和政策拓展"，这是党对人大的预算活动提出的整体要求。通过深入解读正文，可将党对人大预算活动的指导意见总结为

---

〔1〕 参见秦前红、陈家勋：《党政机构合署合并改革的若干问题研究》，载《华东政法大学学报》2018 年第 4 期，第 83 页。

两点：其一是人大预算审查监督活动需要在各方面注意"贯彻落实党中央重大方针政策和决策部署"；其二是人大及其常委会开展预算审查监督工作中的重要事项和重要问题要及时向党中央（地方党委）请示报告，包括就重大事项或特定问题组织调查。值得注意的是，《意见》强调"加强人大预算决算审查监督职能""审查批准预算、决算和监督预算执行是宪法和预算法、监督法等法律赋予全国人大及其常委会、地方各级人大及其常委会的重要职权"，明确肯定并支持人大行使预算审查监督权。由此可见，党对人大预算活动的领导是上层领导，指明过去长时间内人大预算活动的不足并提出今后的重点发展方向，预算审查监督的具体职权仍在人大。

在强调人大的预算核心地位上，《意见》与此前党中央发布的系列文件秉持了一贯的精神。2018 年 2 月，中共中央《决定》指出："人民代表大会制度是坚持党的领导、人民当家作主、依法治国有机统一的根本政治制度安排。要发挥人大及其常委会在立法工作中的主导作用，加强人大对预算决算、国有资产管理等的监督职能……"2013 年 11 月，《党政机关厉行节约反对浪费条例》第 55 条第 1 款规定："推动和支持人民代表大会及其常务委员会依法严格审查批准党政机关公务支出预算，加强对预算执行情况的监督。……"

由此，在预算领域，党领导一切不意味着党要亲自从事一切活动，而是负责制定预算重大方针和决策部署。党的领导不但不会削弱，反而积极强调和保障了人大的预算审查监督权。强调党的领导地位有助于为人大预算职权的完善从外部提出客观意见，及时发现不足并完善预算结构，保障人民参与和监督国家财政活动的权利，预算审查监督权的行使仍在人大。

第四章

人大预算审批权的完善

第一节　预算审批的时间——事前审批原则的落实

一、我国人大会期与预算年度的错位

（一）预算年度

预算年度，也称财政年度，是一国预算起止的法定期限，通常为一年。根据各国对预算起止日期的不同选择，预算年度可以分为历年制和跨年制两种。历年制是指与公历年度日历相同的起止时间，从每年的 1 月 1 日起，到每年的 12 月 31 日止。历年制预算年度被多数国家所采用，如中国、德国、法国、意大利、挪威、瑞士等国家。[1]跨年制是指预算年度与公历日历的起止时间不同，一个预算年度跨越两个公历自然年度。采用跨年制预算年度的典型国家如：美国、英国、日本。美国的预算年度为当年的 10 月 1 日至次年的 9 月 30 日，英国和日本的预算年度为当年的 4 月 1 日至次年的 3 月 31 日。[2]

从预算收支内容的关联性上看，预算年度起止时间的确定与企业会计年度密切相关，一般来说，无论是实行历年制还是跨年制的国家，预算年度与

---

〔1〕 朱晓晨：《中国省级财政预算执行偏差的研究》，财政部财政科学研究所 2014 年硕士学位论文，第 45 页。

〔2〕 朱晓晨：《中国省级财政预算执行偏差的研究》，财政部财政科学研究所 2014 年硕士学位论文，第 45~46 页。

企业会计年度都基本保持一致，这是企业所得税等税收收入与财政预算活动之间不可分割的密切关系所决定的。从预算作为控权手段的本质来看，预算年度的确定应当充分考虑民主国家议会的开会时间，经议会批准的预算才能成为政府开展财政活动的依据。

（二）人大审批预算的时间

根据我国《预算法》第18条的规定"预算年度自公历一月一日起，至十二月三十一日止"，我国采取的是与公历自然年度相同的历年制预算年度。而全国人大的开会时间往往在每年的3月，待人大开会审议预算草案时，预算年度已经过去近3个月。不仅如此，《预算法》第52条第1款规定："各级预算经本级人民代表大会批准后，本级政府财政部门应当在二十日内向本级各部门批复预算。各部门应当在接到本级政府财政部门批复的本部门预算后十五日内向所属各单位批复预算。"从预算获得批准到各预算单位实际得到上级单位的预算批复，又可经历长达一月有余的时间。至于转移支付，则更是要从中央到地方各级政府层层下达，每一层下达都有30日、60日、90日等不同的法定时间上限，从全国人大开会确定转移支付预算到基层政府最终获得中央财政转移支付可能经历漫长的数月时间，预算年度很可能已经过去多半，基层政府实际获得财政转移支付之时，距离预算年度的结束已经时日不多了。[1]

（三）人大会期与预算年度错位的不良影响

1. 违背事前审批原则

现代预算的根本目的是控权，预算是代议机关控制行政权等公权力的重要手段。为了让一切财政收支活动都受到代议机关的控制，预算活动必须遵守事前审批原则，即预算必须在新的预算年度开始之前经过代议机关的批准和确认，在代议机关批准预算前，政府不得开展财政收支活动。事前审批原

---

[1] 《预算法》第52条关于财政转移支付下达时间的规定："……中央对地方的一般性转移支付应当在全国人民代表大会批准预算后三十日内正式下达。中央对地方的专项转移支付应当在全国人民代表大会批准预算后九十日内正式下达。省、自治区、直辖市政府接到中央一般性转移支付和专项转移支付后，应当在三十日内正式下达到本行政区域县级以上各级政府。县级以上地方各级预算安排对下级政府的一般性转移支付和专项转移支付，应当分别在本级人民代表大会批准预算后的三十日和六十日内正式下达。……"

则是预算年度性原则的重要内涵，预算年度性原则要求预算年度开始时间必须晚于预算审批时间，我国《预算法》仅有时间上的预算年度周期规定，而无审批时间与预算年度开始时间的严格先后顺序规定，不能被视为符合预算年度性原则的要求。《预算法》第18条关于预算周期的规定仅有会计工作上的意义，而无法真正发挥预算的民主功能。未经批准即率先展开的财政活动，即使事后被准确记录到预算中，也只能被视为财政活动的记录，与现代预算的本质相悖。

2. 人大预算权落实尚需完善

全国预算与法律均由全国人大批准生效，虽然二者约束公权力的方式不同，但二者的效力层级是相同的。在德国等国家，年度预算经议会批准后即成为法律，在形式上与法律具有相同的效力。预算的效力层级如此之高，是由预算所蕴含的民主价值所决定的，尊重预算的效力即是尊重预算的民主价值。预算与法律约束行政行为的方式不同，预算只是确定行政机关的活动上限，在预算确定的限度之内，行政机关可以自由决定财政支出的程度，拥有一定的自由空间。尽管如此，却不意味着行政机关行使预算职权可以脱离人大的批准而自行确定一个几乎可以肯定符合人大要求的财政活动限度。行政机关在预算活动中的自由存在于代议机关赋予的权力空间之内，而不存在于代议机关未曾批准的范围。全国人大每年3月开会审批预算，在这之前，当年的预算已经执行了近3个月。从预算年度开始到全国人大开会审批预算的3个月间，预算的民主控权效力处于真空状态，预算权在人大和行政机关的配置关系发生倒置。

二、审批前执行的预算困境之突破

（一）《预算法》修正对审批前预算执行的约束

在2014年《预算法》修正过程中，预算年度与人大会期不匹配是修法的重点关注内容之一。为了使二者相匹配，或者需要调整预算年度，或者需要调整人大会期，然而，预算年度与人大会期均与诸多其他法律、制度、习惯等密切相关，无论是调整预算年度，还是调整人大会期，均具有较高的修法难度。2014年《预算法》的修正并未更改采取历年制预算年度的规定。

沿用历年制预算年度的考虑主要有以下四点考虑：

第一，财政预算数据与国民经济计划和统计数据的期间需要保持一致，否则会给财政分析和国民经济分析造成困难，预算编制需要以统计数据为基础。如果预算周期与公历年度不一致，为了分析预算年度内的财政情况和国民经济情况，则需要做大量的数据转换工作，这会导致成本的增加和效率的降低。

第二，预算年度需要与企业会计年度相协调。企业的会计年度与财政预算年度保持一致是世界各国的主流选择。因为企业的营利活动是国家经济整体的重要组成部分，企业缴纳的企业所得税等税收是国家财政收入的重要来源。如果企业会计年度与国家财政年度不一致，将会使国家经济数据统计和预算编制的难度大幅提高。

第三，预算年度的修改不是《预算法》一部法律修改的问题，而且还涉及到税收相关的法律。预算收入主要来源于税收，会计法律、税收法律等规定的纳税统计周期与预算法规定的预算周期应当相同，同步进行调整。同时修改多部法律的立法难度过大，修法时间过长，不能满足预算活动对法律急迫的需求。

第四，根据《宪法》规定，全国人大会议每年只召开一次，但是全国人大既要审批预算，还要审批上一年预算执行情况的报告。后者只有在预算年度结束后才可形成，如果不改变人大会议持续时间，仅提前人大会议召开时间，虽然可以在预算年度开始前审批预算，却无法审批上一年预算执行情况的报告，人大依然无法完成宪法规定的职权。[1]

在不调整人大会期的情况下，沿用历年制预算年度必然会导致预算在人大批准前即先被执行的问题。为了尽量使批准前执行的预算规范化，《预算法》修正采取了一个折中办法，修改了1994年《预算法》第44条："预算年度开始后，各级政府预算草案在本级人民代表大会批准前，本级政府可以先按照上一年同期的预算支出数额安排支出；预算经本级人民代表大会批准

---

〔1〕《预算法》修订沿用历年制预算年度的考虑，参见《财政部对十三届全国人大二次会议第6324号建议的答复》（财预函〔2019〕103号）。

后，按照批准的预算执行。"在原法条基础上新增两款，细化了各级预算在本级人大批准前可以安排支持的内容，并以列举的方式对这些批准前支出作出了要求。[1]预算批准前的执行应当在预算草案的报告中作出说明，由人大审议批准。较之于《预算法》修正前，新法对审批前的预算执行起到了一定程度上的规范作用。

（二）审批时间困境的根本破解

1. 调整人大会期的必要性

《预算法》修正只能围绕是否调整预算年度展开，至于调整人大会期，则不在预算法律制度的规范范围内。在《预算法》修正沿用历年制预算年度的考虑中，前三点都是围绕预算制度与会计制度、税收制度等的衔接事宜所考虑，属于《预算法》的修法难度问题。第四点考虑则是源自《宪法》对全国人大职权的设定和对全国人大开会周期的规定，这是人大工作制度需要解决的问题，无论预算制度如何调整，都无法独自破解此困境。

依照《宪法》第62条的规定，全国人大既要审批预算，也要审批预算执行情况的报告。审批预算应当在预算年度开始前完成，而审批预算执行情况的报告应当在预算年度结束后进行。同时，《宪法》第61条规定全国人大会议每年举行一次，这就否定了每年举行两次全国人大会议分别审议预算和预算执行情况报告的可能性。在宪法制度安排的情况下，如果人大会期不作出合理调整，那么无论预算年度采取历年制还是跨年制，都无法调和人大会期与预算年度的矛盾：如果人大在预算年度开始前开会，那么可以审批预算，但不能审批预算执行情况报告；如果人大在预算年度结束后开会，那么可以审批预算执行情况报告，却不能审批预算。

因此，为了从根本上解决人大会期与预算年度错位导致的问题，只能在

---

[1] 在1994年《预算法》第44条的基础上修改，成为2014年《预算法》第54条："预算年度开始后，各级预算草案在本级人民代表大会批准前，可以安排下列支出：（一）上一年度结转的支出；（二）参照上一年同期的预算支出数额安排必须支付的本年度部门基本支出、项目支出，以及对下级政府的转移性支出；（三）法律规定必须履行支付义务的支出，以及用于自然灾害等突发事件处理的支出。根据前款规定安排支出的情况，应当在预算草案的报告中作出说明。预算经本级人民代表大会批准后，按照批准的预算执行。"

人大制度方面作出调整。[1] 笔者建议，全国人大会期应当在召开时间和持续时间两方面进行调整。将全国人大会议的召开时间调整到预算年度开始前的12月中旬，同时将会议时间延长为一个月。将全国人大会议召开时间提前到12月份，则可以在预算年度开始前对预算进行审批，避免审批前执行的预算问题。将会期延长为一个月，全国人大开会时间延伸到1月中上旬，则可以在预算年度结束后，对上一年度的预算执行情况报告进行审批。唯有如此，才能既满足预算事前审批原则的要求，又符合宪法对人大预算职权和人大开会周期的规定。

2. 调整人大会期的现实性

（1）提前全国人大会议的召开时间。全国人大于每年第一季度召开会议是由全国人大制定通过的《全国人民代表大会议事规则》所确定的。[2]《全国人民代表大会议事规则》制定于1989年，彼时我国仍延续计划经济时期的预算理念，预算更多体现为国家财政收支的记录，人大审批预算的形式意义大于实质意义。尽管如此，在《全国人民代表大会议事规则》的制定过程中，预算年度对人大会期的影响并非未曾被考虑过。在1989年3月28日举行的第七届全国人民代表大会第二次会议上，全国人大常委会时任副委员长、法制工作委员会主任的王汉斌向人大代表作出关于《中华人民共和国全国人民代表大会议事规则（草案）》的说明，其重要说明内容之一即是人大会期与预算年度的矛盾与议事规则草案采取的短期性折中方案。"宪法和全国人大组织法规定全国人大会议每年举行一次，没有规定会议举行的时间。草案根据代表的意见和这几年的实际情况，规定全国人大会议于每年第一季度举行。从批准国家的年度计划和预算考虑，较为合适的开会时间应为财政年度开始前的12月份，但目前在实际工作安排上还有困难，建议今后

---

[1] 财税法学者也认为解决人大会期与预算年度错位导致的预算审批前执行问题应当改变权力机关的会议时间以适应预算法的需要。刘剑文、熊伟：《中国预算法的发展与完善刍议》，载《行政法学研究》2001年第4期，第11页。

[2] 1989年《全国人民代表大会议事规则》第2条规定："全国人民代表大会会议于每年第一季度举行。全国人民代表大会常务委员会认为必要，或者有五分之一以上的全国人民代表大会代表提议，可以召开全国人民代表大会临时会议。"

在实践中争取逐步提前。"〔1〕可见，1989 年制定《全国人民代表大会议事规则》时，立法者认为最为合适的开会时间应当是每年 12 月，之所以未能确定在 12 月，是由于当时的一些实际工作安排上的困难。

可以认为，将第一季度确定为全国人大开会时间仅是考虑到实际工作安排困难的短期方案，应当在日后争取解决这些实际工作安排中的困难，逐步将全国人大会议召开时间提前。事实上，从 1989 年《全国人民代表大会议事规则》颁行前的第一届至第六届全国人大多次会议的召开时间看来，全国人大会议召开时间并非集中于第一季度，第二、三、四季度也分别召开过全国人大会议。全国人大最重要的工作之一即是审议年度预算，自《全国人民代表大会议事规则》〔2〕制定，至今已有三十余年，全国人大的组织制度和工作制度已得到完善，人大议事工作已积累了丰富的经验，与 1989 年面临实际工作安排困难的情况早已不可同日而语，当下已经具备调整会期的条件，应当及时调整人大开会时间，使人大真正掌握预算审批的实质权力。

（2）延长全国人大会期。提前全国人大的会议召开时间是为了人大能够在预算年度开始前对预算进行审批，而延长全国人大会期则是考虑到宪法对全国人大审批预算执行情况报告的职权安排。按照宪法的规定，全国人大每年只能召开一次会议，确定了开会时间在预算年度开始前，则必须使会期持续到上一个预算年度结束后。换言之，全国人大的会期必须横跨两个预算年度，唯此才能在同一次会议上完成对新一年度的预算和上一年度的预算执行情况报告的审批。延长会期是符合我国宪法规定的唯一出路。

如前文分析，全国人大会议召开时间应当提前到 12 月中旬，延长会期到 1 月份则会使人大会议召开的时间跨越年度分界。人大会期跨年度并不违背宪法规定，也并非不具备现实可行性。人大会期跨越年度分界在我国并非无历史可循，第三届全国人民代表大会第一次会议的会期即是从

---

〔1〕《关于〈中华人民共和国全国人民代表大会议事规则（草案）〉的说明》，载北大法宝网：https://www.pkulaw.com/protocol/d2d4099221d9fe529e8102b13d88a73cbdfb.html，最后访问日期：2020 年 5 月 15 日。

〔2〕 2021 年《全国人民代表大会议事规则》进行了修正，但关于开会时间并未修改。

1964 年 12 月 21 日持续到 1965 年 1 月 4 日，跨越了 1964 年和 1965 年两个年度。

延长全国人大会期不仅是全国人大审议预算的要求，也是全国人大履行其他职权的必要保障。根据《宪法》对全国人大职权的安排，全国人大会议的主要内容包括人事任免、制定和修改法律、审查批准预算，以及决定其他重要事项。可以说，国家运行和国民生活最重要的事务都需要在全国人大开会期间作出决定。人大代表需要在 10 天左右的会期内审议数量众多的文件，每份文件的平均审议时间较短。召开人大会议是一种集体民主的议事活动，是充分发扬民主，表达和汇集民意的过程，会期过短会导致民主议事不充分。[1]

我国倾向于压缩人大会期主要考虑的是效率和成本问题。人大会议不宜过长，否则容易导致民主讨论效率低下，对重要事项的决策时间过长。此外，召开人大会议的经费由国家财政支持，会期过长也会导致财政支出的浪费，不利于纳税人权利保障。人大会期长短的确定应当首先保证人大职能可以充分有效地履行，在保证人大履行职能的前提下才能考虑效率和成本问题，而不能先考虑效率，牺牲民主活动的质量去成全效率，这将导致民主与效率关系的本末倒置。民主活动的效率是坚持民主下的效率，而非无视民主而单独追求的效率。在人大行使职权过程中，民主与效率发生冲突时，应当是效率向民主让步。[2]

《宪法》《全国人民代表大会议事规则》《全国人民代表大会组织法》等都未规定全国人大会议持续时间。目前我国全国人大会期平均 10 天、省人大会期 7 天左右、市县人大 3 天至 5 天、乡镇人大 1 天至 2 天，[3] 这些会期仅是一种实践上的习惯，而无法律上的依据。据各国议会联盟对 48 个国家议会会期的统计，会期在 125 天以上的有 6 个国家，100 天至 124 天的有 9 个国家，75 天至 99 天的有 7 个国家，50 天至 74 天的有 8 个国家；25

---

〔1〕 李林：《坚持和完善全国人大的会期制度》，载《当代法学》2004 年第 6 期，第 4 页。

〔2〕 李林：《坚持和完善全国人大的会期制度》，载《当代法学》2004 年第 6 期，第 5 页。

〔3〕 缪国亮：《从财政预算审批谈人大制度改革》，载《人大研究》2013 年第 8 期，第 14 页。

天至 49 天的有 15 个国家，25 天以下的仅有 3 个国家。[1]而这尚且是只考虑天数这一项指标的结论，如果再将人口数量和国家事务总量纳入考量范围，我国的全国人大会期则显得更为不足。考虑到我国的国民数量、国家事务总量和人大代表职权，参考其他国家的议会会期安排，众多专家学者建议延长全国人大会期，保障民主议事程序，提高最高权力机关的实质地位。

第二节　预算初步审查制度的完善

虽然我国《宪法》规定预算审批是全国人民代表大会的职权，然而我国的人大代表是各行各业精英组成的兼职代表，具备预算专业知识的人大代表比例较低。预算的专业性较强，超出了绝大多数人大代表的知识储备，由不具备专业知识的人大代表独立审查预算未免有些强人所难，这样的审查结果也不具备预算民主控权的实质意义。此外，我国人大会期偏短，预算文件繁多，在短暂的十余天内难以完成审议，更何况人大开会期间还需要对国家活动方方面面的重要事项进行表决，实际留给预算审议的时间不足两天，由人大代表在人大开会期间独立完成预算审批几乎不具备可能性。[2]预算的审查过程不仅有审查主体的参与，也应当有编制主体与审查主体的互动，预算编制主体应当根据审查主体提出的意见，对预算草案作出修改，修改后再提交审查。这样的"审查—修改"可能根据实际情况会发生多次，因此预算的审查需要充裕的时间保障，全部交由人大会议审查则无法保障"审查—修改"的时间，从而使审查流于形式。

为了在专业性和时间性两方面弥补人大会议审议预算的不足，预算法设

---

〔1〕　Inter-Parliamentary Union, *Parliaments of The World*, Gower Publishing Company Limited, 1986, p. 357. 程湘清：《完善人大会期制度》，载《法制日报》1998 年 10 月 29 日，转引自刘江宏：《论人大制度完善的价值取向与机制选择》，载《中共浙江省委党校学报》2007 年第 4 期，第 46 页。

〔2〕　王秀芝：《从预算管理流程看我国政府预算管理改革》，载《财贸经济》2015 年第 12 期，第 27 页。

定了预算的初步审查制度。[1] 在全国人大会议举行前的 45 日前（地方人大会议举行前的 30 日前），将本级预算草案的初步方案提交负责初步审查的本级人大机构进行初步审查。各级政府财政部门应当及时根据初步审查意见作出处理，并将处理情况及时反馈给初步审查主体。人大开会审议预算草案时，初步审查主体向人大报告审查结果，为人大代表审查预算提供重要的专业参考。人大代表根据初步审查结果报告和本级政府向大会作出的关于预算和预算执行情况的报告，进行最终的审查和批准。

预算审批程序分为初步审查和正式审批两个环节，可以在一定程度上弥补我国权力机关在履行预算审批职能上的不足。然而，《预算法》对预算审批程序的规定仍然非常简略，初步审查的人大组织制度和工作制度亟待完善，正式审批的形式、后果等重要方面仍未明确，[2]《预算法》应当及早对预算审批程序加以完善。

一、初步审查的主体

我国实行一级政府一级预算，中央和地方共有五级预算，由于各级人大专门委员会的设置情况不同，地方各级预算草案初步方案的初步审查主体也有所不同，五级预算的初步审查主体分别是：

（1）全国人民代表大会财政经济委员会；

（2）省、自治区、直辖市人民代表大会有关专门委员会；

（3）设区的市、自治州人民代表大会有关专门委员会，或本级人民代表

---

　　[1]　预算初步审查的制度设计，参见《预算法》第 22 条："全国人民代表大会财政经济委员会对中央预算草案初步方案及上一年预算执行情况、中央预算调整初步方案和中央决算草案进行初步审查，提出初步审查意见。省、自治区、直辖市人民代表大会有关专门委员会对本级预算草案初步方案及上一年预算执行情况、本级预算调整初步方案和本级决算草案进行初步审查，提出初步审查意见。设区的市、自治州人民代表大会有关专门委员会对本级预算草案初步方案及上一年预算执行情况、本级预算调整初步方案和本级决算草案进行初步审查，提出初步审查意见，未设立专门委员会的，由本级人民代表大会常务委员会有关工作机构研究提出意见。县、自治县、不设区的市、市辖区人民代表大会常务委员会对本级预算草案初步方案及上一年预算执行情况进行初步审查，提出初步审查意见。县、自治县、不设区的市、市辖区人民代表大会常务委员会有关工作机构对本级预算调整初步方案和本级决算草案研究提出意见。……"

　　[2]　王秀芝：《从预算管理流程看我国政府预算管理改革》，载《财贸经济》2015 年第 12 期，第 27~28 页。

大会常务委员会有关工作机构;

(4) 县、自治县、不设区的市、市辖区人民代表大会常务委员会;

(5) 乡、民族乡、镇级预算无初步审查。[1]

从《预算法》对于初步审查的规定可以看出,并非各级预算的初步审查均由本级人大专门委员会负责,人大常委会工作机构和人大常委会也可能成为预算初步审查主体。这是因为各级人大专门委员会的设置情况不同。全国人大财政经济委员会是依照《宪法》第 70 条的规定设置的,而依据《地方各级人民代表大会和地方各级人民政府组织法》第 33 条,县级以上地方各级人大可以根据需要决定是否设置有关专门委员会。乡镇级人大代表人数较少,召开会议决定本乡镇重大事项并不十分困难,因此乡镇人大既无常委会,也无专门委员会。[2] 换言之,地方人大是否设置专门委员会并无法律的强制性规定。这就直接导致了预算初步审查主体的不一致。

(一) 中央的预算初步审查主体

从《预算法》对各级预算初步审查主体的规定上看,中央一级的预算初步审查主体是唯一确定的,即全国人大财政经济委员会负责中央本级预算的初步审查。较之于《预算法》对地方预算初步审查主体的规定,中央预算初步审查主体资格较为明确,在主体资格上不存在不确定性。中央预算初步审查主体的问题主要在于全国人大财政经济委员会中具有预算专业知识的委员人数不足,以及全国人大财政经济委员会的工作职能较多,负担较重,[3] 可用于预算工作的时间和精力并不充裕,难以进行深入细致的预算审查。如前文所述,预算初步审查需要充足的时间保障,需要初步审查主体与预算编制主体就预算专业问题进行深入沟通讨论,全国人大财政经济委员会当前的人员组成和职能安排并不能满足预算初步审查的时间性和专业性要求。

---

[1] 各级预算的初步审查主体安排,参见《预算法》第 44 条。

[2] 谭家康、钟钊麟:《乡镇人大设立常委会不妥》,载《人大研究》2003 年第 12 期,第 31 页。

[3] 全国人大财政经济委员会一共仅有 29 名组成人员,包括主任委员 1 人,副主任委员 13 人,委员 15 人,即使全部委员都从事预算工作,人力资源也并不十分充足,更何况全国人大财政经济委员会承担了研究和审议国民经济、社会发展规划,草拟、审查经济方面的法律、法规,调研国民经济重大问题等大量工作,仅第十三届全国人民代表大会第三次会议主席团向全国人大财政经济委员会交付审议的议案就多达 91 件。

预算专业性欠缺与工作负担过重这两方面的问题，使得全国人大财政经济委员会作为中央预算初步审查主体存在一些争议。有学者建议全国人大应当专门设置预算委员会，[1] 由具有预算专业知识的委员组成，开发预算信息管理系统，利用信息科技和专业能力，综合审查各预算部门收入和支出的合法性、科学性、合理性。[2] 笔者认同这一建议。《宪法》第 62 条明确规定的全国人大的 16 项职权中，[3] 预算审批权是其中的一项重要职权。在当前的人大组织无力充分支持人大代表履行这一职权的情况下，有必要设置预算委员会，专门负责预算的前期调查、初步审查等工作。如果考虑我国人大机构调整的现实阻力，在短期内新设一个专门委员会的难度偏大，那么可以在全国人大财政经济委员会下设立预算工作小组，任用具有预算专业知识的委员，履行预算委员会应当履行的职责。在条件具备时，新设全国人大预算委员会，将财政经济委员会的预算工作小组迁移至预算委员会，实现人大组织制度在预算审查工作上的最终完善。

全国人大财政经济委员会在专业性与时间性上存在一定欠缺，而全国人大常委会设有预算工作委员会，专门承担预算相关工作职责，且机构常设，时间充足，那么容易让人想到的另一个解决方案是由全国人大常委会设有预算工作委员会替代全国人大财政经济委员会进行预算的初步审查。笔者认为这一方案不可行。《宪法》明确规定审查和批准国家的预算和预算执行情况的报告是全国人大的职权，而非全国人大常委会的职权。预算的初步审查也是预算审查工作的一部分，由全国人大常委会工作机构替代全国人大专门委员会进行预算初步审查将导致预算制度违背宪法规定。

（二）地方各级预算初步审查主体

较之于中央预算初步审查主体的确定性，地方各级预算的初步审查主体

---

〔1〕　朱大旗、李蕊：《论预算审批制度的完善——兼论我国〈预算法〉的修改》，载《当代法学》2013 年第 4 期，第 102 页。刘剑文、熊伟：《中国预算法的发展与完善刍议》，载《行政法学研究》2001 年第 4 期，第 8 页。

〔2〕　刘剑文、熊伟：《预算审批制度改革与中国预算法的完善》，载《法学家》2001 年第 6 期，第 56 页。

〔3〕　《宪法》第 62 条规定的全国人大的 16 项职权中，第 1 项和第 3 项属于立法权，第 2 项和第 13 项属于监督权，第 4 至第 10 项属于任免权，第 14 至第 16 项属于决定权，第 11 项和第 12 项是财政经济领域的审查批准权。

则存在较大的随意性。这种随意性既体现在不同级预算的纵向差异上，也体现于同级不同地区的横向差异上。[1] 省级预算由人大有关专门委员会初步审查，市级预算初步审查还可能由人大常委会有关工作机构负责，县级预算则完全排除了由人大专门委员会和人大常委会有关工作机构审查的可能性，直接规定由县级人大常委会负责。

《地方各级人民代表大会和地方各级人民政府组织法》第 33 条第 1 款规定："省、自治区、直辖市、自治州、设区的市的人民代表大会根据需要，可以设法制委员会、财政经济委员会、教育科学文化卫生委员会、环境与资源保护委员会、社会建设委员会和其他需要设立的专门委员会；县、自治县、不设区的市、市辖区的人民代表大会根据需要，可以设法制委员会、财政经济委员会等专门委员会。"事实上，除港澳台以外的我国 31 个省级人大均设置了财政经济委员会。那么《预算法》规定省级预算由人大有关专门委员会初步审查，即是由本级人大财政经济委员会审查，《预算法》文本采用"有关专门委员会"的方式缺乏明确性，即使是维持现在的审查主体不变，也应当将法律文本改为"财政经济委员会"。

由于法律并未对市级人大设立专门委员会作出强制规定，一些市级人大尚未设立财政经济委员会或预算委员会，则由本级人大常委会有关工作机构（如预算工作委员会）负责预算的初步审查。在当前的法律规定下，这样的变通也算是符合法律和现实所需的折中办法。

至于《预算法》规定县级预算由本级人大常委会初步审查则不完全符合法律规定和县级人大常委会工作机构实际情况。《地方各级人民代表大会和地方各级人民政府组织法》并未排除县级人大设置人大有关专门委员会和人大常委会有关工作机构的可能性。事实上，为数不少的县已经设置了人大财政经济委员会或人大常委会财政经济工作委员会或预算工作委员会。虽然"县人大常委会财经工委人数都偏少，力量不够强，但是财经工委毕竟是长

---

〔1〕 同级不同地区的横向差异主要体现在市级预算初步审查主体的不同。根据各市级人大专门委员会的设置情况不同，市级预算的初步审查既可能由本级人大有关专门委员会负责，也有可能由本级人大常委会有关专门委员会负责。

年从事预算审查监督的专门工作机构，有必要充分发挥财经工委的专业优势"。[1] 在《预算法》规定中直接排除了县级人大有关专门委员会和人大常委会有关工作机构初步审查预算的可能性，不符合县级人大组织机构和工作机构设置的法律规定与实际情况，也不能满足预算初步审查的专业性要求。

　　上述问题是存在于当前《预算法》内部的问题，是《预算法》相关规定之间存在的矛盾，尚未考虑《预算法》规定是否符合宪法的要求。《宪法》第 99 条第 2 款规定"县级以上的地方各级人民代表大会审查和批准本行政区域内的国民经济和社会发展计划、预算以及它们的执行情况的报告；……"在《宪法》第 104 条关于县级以上的地方各级人大常委会职权的规定中，并未包含审查预算的职权。因此，地方各级预算的初步审查权与中央一样，也应归属于本级人大，而非人大常委会。目前《预算法》关于市级预算初步审查可以由人大常委会工作机构负责，县级预算初步审查应当由人大常委会负责的规定并不符合《宪法》对地方各级人民代表大会和地方各级人民代表大会常务委员会职权的安排。无论是中央，还是地方，都应当将预算的初步审查权收归本级人大，而非人大常委会。实践中，某些地区的预算初步审查工作经常由本级人大财政经济委员会和本级人大常委会预算工作委员会共同负责。根据《预算法》第 22 条的规定，人大常委会有关工作机构只能协助本级人大财政经济委员会或其他有关专门委员会承担一些具体工作。换言之，人大常委会有关工作机构在预算初步审查中的角色只能是协助，而不能与人大专门委员会共同负责预算的初步审查。

　　笔者建议，一方面，应当修改《地方各级人民代表大会和地方各级人民政府组织法》，明确规定县以上各级人大应当设立预算委员会。在人大组织制度的法律规范上为预算初步审查做好必要的准备。另一方面，《预算法》应当修改市级预算和县级预算由人大常委会工作机构或人大常委会进行初步审查的规定，同时修改省级预算初步审查主体"有关专门委员会"的模糊性措辞，统一规定省级、市级和县级预算都应当由本级人大预算委员会负责，本级人大常委会和本级人大常委会有关工作机构可以协助本级人大预算委员

---

[1]　李卫民：《预算初步审查与预算法修改》，载《人大研究》2013 年第 2 期，第 20 页。

会承担某些具体性工作。

上述分析和建议仅针对中央级、省级、市级和县级等四级预算，并未涵盖乡镇级预算，这是因为乡镇级人大在组织制度和工作制度上都与县级以上人大存在较大区别。宪法规定县级以上的地方各级人民代表大会设立常务委员会，乡镇级人大并无常务委员会。普遍看来，乡镇级人大代表数量较少，不具备设置专门委员会的必要条件。不具备初步审查的组织和制度保障。乡镇级人大会议的召开既无法律的强制性规定，也无实践中形成的较为稳定的习惯。乡镇级人大召开时间往往非常短暂，且无预算初步审查制度。鉴于以上种种原因，有学者建议我国实行五级政府四级预算，乡镇级预算不作为一级独立的预算，而是合并到所属的县级预算当中一起审批，唯此才能够保证每一级预算审批真正发挥民主作用，预算主体才能够真正有效地行使预算职权。[1]

二、初步审查的对象及对应的审查结果

按照《预算法》第 22 条的预算管理职权规定，中央和地方各级预算需要进行初步审查的对象包括以下四种：本级预算草案初步方案、上一年预算执行情况、本级预算调整初步方案和本级决算草案。《预算法》第 44 条规定了对预算草案的初步方案的初步审查程序，第 69 条规定了对预算调整初步方案的初步审查程序，第 78 条规定了对决算草案的初步审查程序，然而，却并无关于上一年预算执行情况初步审查的具体规定。

《预算法》修改虽然增加了初步审查时间的程序性规定，但在初步审查的实质内容上却只字未提。《预算法》并未规定初步审查的重点内容和初步审查意见应当包含的内容，这就导致了各级预算初步审查的随意性。初步审查的内容全凭各级各地初步审查主体自行决定，初步审查质量依赖于初步审查主体的专业能力和责任心，并无法律的规范指引和约束。预算初步审查的制度设计本来是为了弥补人大代表审议预算的专业缺陷，但却并无法律就初

---

〔1〕 刘剑文、熊伟：《中国预算法的发展与完善刍议》，载《行政法学研究》2001 年第 4 期，第 8 页。

步审查的专业内容作出规定，这样初步审查就难以发挥应有的作用和制度优势。

初步审查内容的不明确，在实践中还可能导致审查对象的不确定性。以初步审查预算草案初步方案为例，直接审查对象是预算草案初步方案，但可能同时涉及政府财政部门制定的本级预算草案编制规程。如果初步审查时发现预算草案初步方案与《预算法》的规定不符，但却是按照本级预算草案编制规程而编制的，那么初步审查是否仅可就预算草案初步方案的不合法之处提出审查建议，还是可以附带审查本级预算草案编制规程？如果可以附带审查本级预算草案编制规程，那么关于编制规程的初步审查意见应当反馈给谁；如果不能附带审查本级预算草案编制规程，那么如果下一年的编制规程未作出修改，同样的违法性问题还将出现在下一年度预算草案中。

《预算法》虽然抽象规定了初步审查主体提出预算的初步审查意见后，本级政府财政部门应当及时将处理情况反馈给初步审查主体，[1] 但并未规定初步审查意见在多大程度上被尊重，政府财政部门与初步审查主体的意见不符时应当如何处理等情况。在实践中，政府财政部门往往较为强势，初步审查主体在专业性和时间性上又有所欠缺，初步审查的实际作用可能非常有限。

笔者建议，在未来《预算法》修改时，进一步细化规定初步审查的实质内容，包括初步审查的对象、针对每个审查对象的重点审查内容、审查意见的效力、审查对象的责任主体对审查意见的处理及相关法律责任等。使预算初步审查制度真正发挥弥补人大预算审议专业缺陷的民主作用。

三、初步审查的程序

(一) 初步审查程序现状

《预算法》未对初步审查的具体程序作出规定，各地区的初步审查程序存在一定的差别，也存在一定的共同之处。依照多数地区的惯例，初步审查

---

　〔1〕《预算法》第 22 条第 6 款、第 7 款规定：“对依照本条第一款至第四款规定提出的意见，本级政府财政部门应当将处理情况及时反馈。依照本条第一款至第四款规定提出的意见以及本级政府财政部门反馈的处理情况报告，应当印发本级人民代表大会代表。”

程序最多包括四个环节：①提前介入；②听取预算编制情况汇报；③展开初步审查具体工作；④提出初步审查意见。[1] 其中，听取预算编制情况报告和提出初步审查意见几乎是各地区初步审查时都会进行的两个步骤。提前介入是部分地区进行的初步审查制度优化探索。至于具体审查工作，在各地区往往会或多或少地开展一些，只是审查的具体程度有所区别，初步审查的效果也有所差异。

1. 提前介入

提前介入指的是，初步审查主体在预算编制环节即提前参与，进行专题调研或视察，提前了解编制的计划。每年第四季度，全国人大财政经济委员会都会参加中央经济工作会议、国务院编制计划有关会议、有关综合经济部门年度会议，了解下一年度的财政计划安排。[2]

《预算法》并未对预算初步审查的具体程序和内容作出规定，初步审查主体提前参与预算的编制活动不是法律的要求，而是实践中作出的有利探索。这种探索不仅不与法律的要求相悖，而且有利于促进预算提前审批的实质效果。本来在预算编制全部完成后才能通过审查发现的问题，通过初步审查主体的提前介入，可以在编制过程中就避免一些可能出现的问题，既节约了编制活动的成本，也提高了编制工作的效率。

2. 听取计划编制情况汇报

按照《预算法》对初步审查时间的规定，在人大开会审批预算和预算执行情况报告，人大常委会开会审批预算调整方案和决算之前的 30 日前（中央预算草案的初步审查时间为全国人大会议举行的 45 日前），初步审查主体应当开始初步审查工作。预算和预算执行情况初步审查工作的正式开始往往是初步审查主体召开工作会议，邀请政府财政部门和其他有关部门参加。政府财政部门在会上向初步审查主体作下一年度的预算草案和本年度预算执行情况的报告。虽然《预算法》并未规定预算执行情况的初步审查程序，但在

---

[1] 尹中卿：《如何准确把握法定的人大审查批准权》，载：http://www.npc.gov.cn/npc/c30834/202102/a88b5ea9b7c64e10a9d92a2ebf1c3f8f.shtml，最后访问日期：2023 年 5 月 15 日。

[2] 尹中卿：《如何准确把握法定的人大审查批准权》，载：http://www.npc.gov.cn/npc/c30834/202102/a88b5ea9b7c64e10a9d92a2ebf1c3f8f.shtml，最后访问日期：2023 年 5 月 15 日。

实践中，预算执行情况往往与预算草案初步方案一起，由政府财政部门在初步审查会议上向初步审查主体报告。预算调整方案和决算的初步审查程序的正式开始也与之类似，只是中央一级的预算调整方案和决算的初步审查时间与地方各级相同，都是本级人大常委会会议召开的 30 日前。为了能够对预算问题展开深入探讨，有些地区在召开初步审查会议时，除了初步审查主体和本级政府财政部门参会外，还会邀请审计局、统计局、国资委、预算监督顾问等机关单位和个人参加会议，便于初步审查主体从多方面听取意见和建议，提高审议质量。

美中不足的是，初步审查会议的时间往往较短，不足以对所有重点问题展开深入讨论，而且会议形式往往比较单一，开会主要是听取报告，未能与调查、测试等方式结合。出现这些问题的原因其一是，各相关机关单位都有其他的工作内容，《预算法》并未对初步审查具体程序作出规定，相关机关单位没有法律上的义务去参加初步审查会议，很难抽出较长时间参会；其二是，初步审查主体往往是本级人大财政经济委员会，而非专门的预算委员会。预算初步审查只是人大财政经济委员会繁多的工作之一，用更长时间召开初步审查会议，充分展开讨论不具备现实性。

3. 进行初步审查

初步审查应当是在初步审查会议听取计划编制情况汇报以后，由初步审查主体通过询问、质询、特定问题调查、视察、专题调研、满意度测评、听证等方式展开的深入调查分析。然而，人大财政经济委员会等人大专门委员会的人力资源不足，业务负担过重，使其无法充分展开调研，形式审查多过实质审查。初步审查发现的问题往往是形式问题，如预算、决算程序不合法；提交的预算不够完整；编制的预算、决算不够规范；预算绩效管理流于形式。[1] 甚至某些预算初步审查意见连形式问题都少有提出，有些审查报告多年不变，并未针对本年度预算的现实情况提出针对性意见；有些审查意见简单、笼统，象征性地提出预算可行的结论；有些审查意见仅针对政府预

---

[1]　古炳玮：《各地人大加强预决算初步审查的探索与成效》，载《财政监督》2020 年第 14 期，第 61~62 页。

算管理的不足提出一些预算执行方面的建议，并无针对预算编制问题的意见。[1]

4. 提出初步审查意见

初步审查主体将初步审查会议上的发言整理成会议纪要，结合必要的调研等初步审查工作，形成初步审查意见，送交本级政府财政部门。根据《预算法》的规定，当初步审查对象是预算草案初步方案时，本级政府财政部门需及时根据初步审查意见对预算草案初步方案等被审查对象作出处理，并将处理情况及时反馈给初步审查主体。本级人大财政经济委员会等初步审查主体应当将初步审查意见和本级政府财政部门反馈的处理情况报告印发本级人大代表。《预算法》并未规定预算执行情况、预算调整方案和决算的初步审查意见如何发挥作用。

（二）初步审查程序的完善

预算初步审查除了为人民代表大会预算审查提供重要参考之外，还可以通过给政府财政部门提出审查意见和修改建议的方式，使预算编制更加规范、合理，具有修正预算草案内容的特殊作用。由于人大会期较短，几乎不具备在人大开会期间修改预算的可能性，那么在初步审查阶段，初步审查主体与预算编制主体的交互工作则显得尤为重要。甚至可以说，预算初步审查可以在很大程度上发挥人大正式审查应当发挥但未能发挥的作用，可以发现预算编制的实质问题并在提交大会正式审批前进行修改。在当前人大会议制度下，初步审查工作对于预算编制和预算审批都具有不可替代的重要意义。《预算法》应当对初步审查的相关规定作出进一步的细化，同时将各地区初步审查实践中作出的积极有利探索纳入法律规范，在全国范围内推行。

1. 初步审查的重点内容

《预算法》应当规定初步审查的重点内容，不得将初步审查工作内容的决定权全部交给各级各地初步审查主体。初步审查的重点内容应当至少包含

---

〔1〕 李卫民：《预算初步审查与预算法修改》，载《人大研究》2013年第2期，第21页。

合法性、可靠性、科学性和合理性等四个方面的审查内容。[1]

　　合法性要求预算在形式上和内容上都符合《预算法》和其他相关法律的要求。形式审查是指审查预算草案是否按照政府收支分类科目、预算支出标准编制，内容是否完整，主体是否适格，是否按照法律要求的时间编制并提交，等等。实质审查的范围则广泛得多，所有与法律规定不符的问题都属于合法性审查的范围。可靠性是指预算编制是否充分参考了上一年预算执行情况和有关支出绩效评价结果，对本年度的财政收支预测是否科学合理，预算草案中的数据来源是否具有可靠性，等等。科学性是指预算支出是否符合可以满足部门依法履行职能和事业发展的需要，各类支出的比重是否适当，收支方案是否切实可行，对下级政府的转移性支出预算是否适当且规范，预算安排举借的债务是否合法、合理，是否有偿还计划和稳定的偿还资金来源，等等。合理性是指预算安排是否贯彻国民经济和社会发展的方针政策，是否符合国家宏观调控总体要求等。

　　根据初步审查内容的性质差异，初步审查的强度也有所区分。对于合法性审查而言，无论是形式合法性审查还是实质合法性审查，合法的标准都是明确的。合法性审查与审查者的主观因素无关，合法性审查结果完全取决于审查对象与法律的适配程度。在合法性问题上，审查对象要么合法要么违

---

〔1〕　李卫民：《预算初步审查与预算法修改》，载《人大研究》2013 年第 2 期，第 20~21 页。也有学者将审查重点内容总结为合法性、真实性、政策性、效益性和科学性。合法性审查，即审查预算收支是否符合法律、法规，尤其关于法定支出的比例和增长幅度的要求；真实性审查，即审查预算有无隐瞒少列或虚列的情况，对预算收支的测算是否科学合理，与经济社会发展的实际情况是否吻合；政策性审查，即审查预算有无贯彻有关方针政策，预算结构以及重点项目安排和保障是否体现确保重点、统筹兼顾的原则；效益性审查，即审查预算是否贯彻勤俭节约，能否最大限度地发挥财政资金的效益；科学性审查，即审查预算设计是否规范，能够直观地反映预算全貌和项目信息等。参见闫海：《预算民主：预算审批权为中心的构建》，载《重庆社会科学》2007 年第 4 期，第 104 页。某些地方立法规定了本级预算初步审查的重点审查内容，对《预算法》相关规定缺失进行了一定程度上的弥补。如：浙江省人大常委会 2007 年制定通过的《浙江省省级预算审查监督条例》（已失效）规定了七项预算草案初步审查的重点审查内容："（一）预算编制的指导思想、方针、原则，预算安排贯彻法律、法规和国家财政政策的情况；（二）预算收支平衡的情况，预算收支规模与国民经济和社会发展相适应的情况；（三）预算收入的真实性、完整性；（四）预算支出结构的合理性，保证农业、教育、科技、文化、卫生、社会保障等重点支出的情况；（五）部门预算的编制情况；（六）预备费设置情况；（七）为实现预算拟采取的各项措施的可行性；（八）其他需要重点审查的内容。"

法，不存在第三种状态。因此，合法性审查的强度最高，审查对象在合法性问题上没有调和的余地。

可靠性是预算的重要原则之一，编制预算必须以可靠的信息和数据为依据。然而，毕竟预算是对未来的财政收支的安排，未来的财政收入只能从方法和程序上尽量保证预测的客观严谨性，通过法律责任的规范作用去保证预测主体主观上的严肃性，并不能保证预测的收入与未来实际收入完全一致。未来的财政支出最主要的部分应当是本地区在下一财政年度的公共物品和公共服务提供。可以通过适当的方式收集公民的意见，按照符合民主原则的多数人意见决定公共物品和公共服务的投放，确定公共支出。较之于合法性审查，预算的可靠性审查强度应当适当降低，因为审查主体对预算可靠性只能依靠调查、评估等手段进行审查，对于明显的可靠性问题，应当提出审查意见；对于不确定的可靠性问题，可以通过多部门联合调查、询问等方式确定，确实无法确定的，可以提出建议性审查意见，不应提出确定性修改意见。

科学性审查的审查强度较之于可靠性审查，应该更低一些。科学性审查的标准更不明确，需要审查主体根据审查内容综合判断。在评判预算支出是否符合可以满足部门依法履行职能和事业发展的需要时，部门自己作出的情况说明具有比较重要的参考意义，审查主体不得以自己的标准为部门确定依法履行职能和事业发展的需要的预算支出，这属于部门自身的事务领域，审查主体只需就明显不符合需要的情况提出建议即可，不可过多介入部门的实际工作领域。至于举借债务和财政转移支付，则需要借助于大量的调查和评估工作，对于其中存在的明显问题，可以直接在初步审查意见中指出，要求政府财政部门修改；对于其中存在的价值判断问题，应当如实记录和总结，待本级人大会议举行时，将审查结果和意见建议报告给人大代表，由人大代表通过民主政治程序作出决议。

合理性审查需要对预算安排是否贯彻国民经济和社会发展的方针政策，是否符合国家宏观调控总体要求等进行评估。国家的方针政策具有较高的抽象性，对预算活动起到宏观指引的作用。具体的预算编制、调整、决算等直接与国家方针政策相违背的可能性较低，初步审查主体只需在总体上审查预算的大方向即可，审查强度最低。

2. 初步审查的程序和相关主体的职责

《预算法》修改后，虽然增加了初步审查的时间要求，但并未对初步审查的具体程序作出详细规定。如上文分析，初步审查的程序应当被法律规范确定，只有如此，才能统一保障各地区在预算初步审查工作的质量，而不是将初步审查工作完全交由各级人大专门委员会自行设计工作制度，导致各地初步审查质量参差不齐。法律明确规定初步审查程序和相关主体的职责还可以保障各相关部门、单位和人员充分参与初步审查工作，不让初步审查流于形式。有学者建议我国学习德国、英国等国家议会实行的"三读"审议预算方式，[1] 实行预算初步审查的"三读"制度。[2] 不难发现，"三读"初步审查的建议与上文归纳的四步初步审查程序的后三步完全一致。笔者建议，将某些地区在初步审查实践中的审查主体提前介入到预算编制也吸纳到预算法律制度中。这种实践中的有益探索可以为法律所吸收，在《预算法》修改时，将审查主体的提前介入规定到法律当中，将部分地区的实践探索转变为法律对所有地区的制度要求。立法与实践是相辅相成的，法律指引和约束实践，实践中不违背法律的探索也可以通过民主政治过程上升为法律，通过立法与实践的交互影响，共同提高预算现代化水平。事前介入程序结合类似

---

〔1〕 联邦德国议会"三读"审议预算草案是指在议会对预算草案表决前，要由联邦议院的预算委员会进行讨论、审查，然后由联邦议院"三读"审议预算草案。"一读"时，财政部部长要对政府编制预算时的各种考虑作概括性说明，议员们对草案发表他们各自的看法；"二读"时，预算委员会将审查的结果向全体会议报告，然后开始讨论全部预算，并做出修订预算法案的决定；"三读"时，议院就整个预算再次进行辩论，并进行表决。参见刘剑文、熊伟：《预算审批制度改革与中国预算法的完善》，载《法学家》2001 年第 6 期，第 56~57 页。英国财政大臣向议会提交正式预算报告后，下议院进行三读审议。财政大臣详细阐述预算内容和经济状况，下议院在野党主导质询，一读阶段的质询重点是政策层面的支出项目，不对预算额度进行调整，执政党议员也有质询权。质询结束后，下议院对《预算收入法案》中的税收收入提案进行投票。二读程序通常只持续一天，二读之后，预算草案送交议会筹款委员会（Fundraising Committee）、供给委员会（Supply Committee）等相关委员会讨论，委员会对预算草案进行详细审查并提出报告意见，这是议会修改预算草案的核心阶段。根据委员会审查意见，下议院进入三读阶段，进行最后的投票表决。下议院表决通过后提交上议院审议，上议院因无否决权，上下议院之间并无争议。最后经英国国王签署，预算法案正式生效。参见傅宏宇、张明媚：《预算法律问题国别研究》，中国法制出版社 2017 年版，第 28 页。

〔2〕 "一读"时，由财政机关代表政府就预算草案做出说明，预算委员会委员提出审查意见；"二读"时，预算委员会开始审查部门预算，就各部门收支科目的合理性进行讨论；"三读"时，就政府整体预算草案形成预算委员会的初步审查决议。参见刘剑文、熊伟：《预算审批制度改革与中国预算法的完善》，载《法学家》2001 年第 6 期，第 57 页。

"三读"的初步审查程序，确定我国的预算初步审查程序为四个步骤，即提前介入、听取预算编制情况汇报、展开初步审查具体工作、提出初步审查意见，并且明确每一步骤中相关主体的职责。

在提前介入环节，不仅可以有作为审查主体的人大财政经济委员会和作为编制主体的政府财政部门参与，更应当规定有条件的地区邀请审计机关、税务部门、统计部门等参与到提前介入环节中来。审计机关的事后监督经验、税务部门的税收收入信息、统计部门的经济发展等数据都将成为预算编制的重要参考，为预算编制提高工作效率和编制质量。

在听取预算编制情况汇报环节，实践中往往是用短暂的一两天时间召开会议，听取报告，并无深入的询问和沟通意见。这些实践中的问题实际上是制度的问题，为了使初步审查会议能够充分汇集各相关单位的意见，充分讨论，交换意见，需要预算法、组织法等法律作出修改：设立人大预算委员会专门负责预算的初步审查工作，同时详细规定人大财政经济委员会等专门委员会、人大常委会预算工作委员会等工作机构、财政部门、税务部门、统计部门、审计机关等各相关部门和单位在听取预算编制情况汇报环节的职责，使参与听取预算编制情况汇报环节成为相关部门、单位的法律义务。

在展开初步审查具体工作环节，最大的问题是审查时间不足、审查主体专业程度不够。审查主体专业性不足的解决方案如上文所述，建议明确规定各地人大设立预算委员会，专门负责预算的初步审查工作。虽然《预算法》在修改后规定了人大会议召开前的 30 天或 45 天作为初步审查时间，但实际上，一个深入细致的初步审查工作需要的时间远不止于此，更何况即使按照当前预算法的规定，实践中的实际初步审查时间也并未有一个月之久，往往是两天开会得出初步审查结论，并无后续深入调研。初步审查工作不只有审查主体单方面的审查，更应当在审查发现问题后由编制主体进行修改，而后再次审查，再次修改……不仅如此，为了保证审查的质量，在进行审查时，应当对相关主体开展询问、质询，对相关信息展开调研、分析，整合所有审查资料，形成初步意见后与编制主体沟通意见。这些工作是保障初步审查实质作用所必须的，应当赋予初步审查工作更充裕的时间。有学者建议我国的预算初步审查时间应当保证有 6 个月左右。[1]

此外,《预算法》还应当加强初步审查环节的公民参与。公民是预算权的最终来源,是一切国家权力的所有者。虽然我国实行间接民主制度,但是在一切可以引入直接民主的国家活动中,都应当积极完善制度,保障公民的广泛参与。为了保障预算审查的质量,诸多国家都在法律中明确规定了预算审查的质询、询问、辩论、听证等程序性要求。澳大利亚规定国会对预算审查的重要程序是举行公开听证会,在听证会上议员直接向政府有关部长提问,听证会公开进行,允许公众代表和媒体参加,有专门电视频道直播。[2]近些年来,我国很多地方也积极进行民主参与式预算改革。浙江温岭模式是一种代表性的民主参与式预算改革范例。浙江温岭市从 2005 年起首创"参与式预算",即公民以民主恳谈为主要形式参与年度预算讨论,在人大会议召开前即参与到预算的前期审查工作中,实现实质性参与的预算审查监督。"为公民自由、广泛、直接、真切地参与社会公共事务决策、管理和监督提供了新的渠道,也为公民监督政府预算的权力行使提供了新的方式,增强了民意的表达和公民在决策过程中的影响力。"[3]参与的过程也是一个教育的过程、互相理解的过程,可以提高决策的效率和合法性。[4]我国深化预算制度改革的进程中应当着力加强预算初步审查中公民的作用,利用现代网络资源,通过召开听证会等方式,让公民在人大会议举行前先行了解政府的财政收支计划,并表达来自民主基层的意见。初步审查主体应当整合公民意见,审查政府财政部门提交的预算草案初步方案与公民意见的适配程度,将重要的公民意见吸纳进入初步审查意见中,要求政府财政部门作出相应的处理,适当修改预算草案。

---

〔1〕 刘剑文、熊伟:《预算审批制度改革与中国预算法的完善》,载《法学家》2001 年第 6 期,第 57 页。

〔2〕 朱恒顺:《预算法修改应重点关注几个问题》,载《学习时报》2012 年 2 月 6 日,转引自朱大旗、李蕊:《论预算审批制度的完善——兼论我国〈预算法〉的修改》,载《当代法学》2013 年第 4 期,第 106 页。

〔3〕 张学明:《深化公共预算改革　增强预算监督效果——关于浙江省温岭市参与式预算的实践与思考》,载《人大研究》2008 年第 11 期,第 21 页。

〔4〕 Renée A. Irvin and John Stansbury, "Citizen Participation in Decision Making: Is It Worth the Effort?", *Public Administration Review*, Vol. 64: 1, p. 56 (2010).

在提出初步审查意见环节，《预算法》应当规定初步审查意见必须包含的重要内容，这些内容应当包含重点审查内容，还应当包含初步审查主体综合各方面审查结果后提供的修改和完善建议。此外，初步审查意见不得过于抽象，应当能够作为财政部门修改预算编制的直接依据。初步审查意见的最重要问题在于其法律效力不明确，审查主体提出意见后，能够在实际上发挥何种作用。如果审查意见的效力不明确，那么无异于一纸空文。即使前期初步审查工作做得再细致，也无法真正发挥初步审查的实质作用。

3. 初步审查意见的效力

初步审查的对象包括预算、预算执行情况、预算调整方案和决算，然而，《预算法》仅概括规定了预算初步审查意见的效力，却未规定预算执行情况、预算调整方案和决算的初步审查意见如何发挥作用。《预算法》未来的修改应当一方面补全预算执行情况、预算调整方案和决算的初步审查意见效力规定，另一方面细化初步审查意见发挥作用的方式和不尊重初步审查意见的法律后果。

各级政府财政部门应当按照初步审查意见指出的问题，对被审查对象作出相应处理，并及时反馈给审查主体。财政部门认为初步审查意见不合理的，应当提出书面意见反馈给审查主体，审查主体根据财政部门的意见，修正审查意见，或安排与财政部门共同商议，最终达成一致。如果审查主体与财政部门的意见不可调和，审查主体应当将双方的意见如实记录，在人大会议举行时，将财政部门认为初步审查意见不合理的反馈意见提交给大会，由人大代表进行审查判断。财政部门不按照初步审查意见作出处理且无特殊说明的，初步审查主体应当将情况如实反馈给人民代表大会，追究财政部门的法律责任。

四、小结

人大审查和批准预算是预算发挥民主控权作用的核心环节，而当前的人大会议制度很难真正对预算进行充分而详尽的实质审查，人大预算审批权容易被虚置。审批预算与制定法律是人大从治事方面约束公权力的最重要手段，如果人大预算权力虚置将影响人大在民主政治制度中的地位。因此，初步审查制度在我国预算活动中尤为重要，完善的预算初步审查制度可以弥补人大会期短、代表预算专业能力参差不齐等人大会议制度的固有问题，维护人大的预算权力，增强人大的民主功能。当前的预算法律制度对初步审查的规定仍较为概括，一些应当规定的内容未被规定，已经规定的内容在细致程度方面也有所欠缺。预算法律制度的完善应当在预算初步审查的主体、对象、程序等方面增加内容并细化现有规定。组织法等相关法律也应当配合预算制度作出相应的修改。明确规定各地人大应设立预算委员会作为预算初步审查主体，具体规定本级预算草案初步方案、上一年预算执行情况、本级预算调整初步方案和本级决算草案四类审查对象的重点审查内容、审查意见的效力、审查对象的责任主体对审查意见的处理及相关法律责任等。确定初步审查的具体程序，并详细规定每一环节中的责任主体和相应职责。从程序到内容，使预算初步审查工作有法可依，充分保障初步审查工作的实质作用，让初步审查真正发挥预算审查工作民主先行的制度优势。

第三节　预算的正式审批

预算审批通过民主政治过程使国家财政活动具有正当性，各级人大对预算的正式审批使预算具有正式的法律效力。生效的预算是人大控制财政资金使用，截断滥用公权力物质来源的有力手段。[1] 预算审批的形式和内容的严谨程度直接影响人大对政府等公权力机关的控制程度。目前我国人大正式审批预算需要经过听取报告、专门委员会审查、全体决议三个步骤。各级人大会议举行正式审批预算时，首先由各级政府向大会作关于总预算草案和总预算执行情况的报告，政府预算报告往往在会议的第一天作出。在大会全体代表正式决议前，预算草案和预算执行情况的报告需先经财政经济委员会审查。财政经济委员会大会主席团提出审查结果报告，而后才进入全体代表决议环节，全体代表决议往往在会议的最后一天作出。全体人大代表对预算的

---

〔1〕　王金秀、陈志勇编著：《国家预算管理》（第 3 版），中国人民大学出版社 2013 年版，第 55 页。

表决只有全部通过和全部否定两种选择。表决通过的预算应当及时报上级政府备案，本级政府财政部门应当在规定时间内向本级各部门批复预算，各部门再向所属各单位批复预算。

一、审批的对象

《预算法》第 20 条第 1 款规定："全国人民代表大会审查中央和地方预算草案及中央和地方预算执行情况的报告；批准中央预算和中央预算执行情况的报告；……"第 21 条规定："县级以上地方各级人民代表大会审查本级总预算草案及本级总预算执行情况的报告；批准本级预算和本级预算执行情况的报告；……乡、民族乡、镇的人民代表大会审查和批准本级预算和本级预算执行情况的报告……"不难发现，除了乡镇级人大审查预算和批准预算的对象相同以外，全国人大和县以上人大的审查对象和批准对象并不一致。批准对象仅是本级预算和本级预算执行情况的报告，而审查的对象是包含下级预算的本级总预算草案及本级总预算执行情况的报告。乡镇级人大审查和批准对象一致是由于乡镇人大已是基层人大，并无下级预算可审。人大不批准仅审查下级预算的意义何在，是否符合一级政府一级预算的财政分权理论，这些都是值得深入思考的问题。

有学者认为，人大不仅审查本级预算，还要审查下级预算的规定明显背离分税制所要求的一级政府一级预算原则。因为"预算审批通过后，无论是预算收入还是预算支出，都是由本级政府组织执行"，分税制已经在上级政府和下级政府的财政收支范围作出了明确的划分，因此，上级人大审查下级预算是对下级预算权的侵犯。[1] 笔者认为，《预算法》规定上级人大对下级预算的审查可能是出于两点考虑：其一，本级人大是由来自本行政区域内各级行政区划的公民组成，对本行政区域内的预算具有知情权；其二，如果下级预算存在违法性等问题，人大通过审查发现问题，可行使监督权。

然而，无论是知情权，还是监督权，抑或是其他考虑，都无法成为支持

---

[1] 刘剑文、熊伟：《预算审批制度改革与中国预算法的完善》，载《法学家》2001 年第 6 期，第 54 页。

法律规定上级人大审查下级预算的理由。就知情权而言，《预算法》规定了各级预算的备案制度，县级以上地方各级政府将经本级人大批准的本级预算及下一级政府报送备案的预算汇总，报上一级政府和本级人大常委会备案。上级政府可以获得本级和下级经批准的全部预算信息。2014 年《预算法》修订后，确立了预算公开原则，除涉及国家秘密以外的所有预算信息都应当及时公开。[1] 依照法律规定，各级预算信息都是公开的，人大代表想了解下级预算信息完全可以通过信息公开渠道获取，无需在人大会议上以审查下级预算的形式知悉。即使是想获得汇总后的本级总预算信息，本级政府也可以本行政区划内下级政府报送备案的全部下级预算汇总后直接面向全体人民公开。为了保障知情权而审查下级预算的理由很难成立。

就监督权而言，根据《预算法》第 20 条、第 21 条的规定，全国人民代表大会和县级以上地方各级人民代表大会有权改变或者撤销本级人民代表大会常务委员会关于预算、决算的不适当的决议；[2] 全国人大常委会可以撤销省、自治区、直辖市人民代表大会及其常务委员会制定的同宪法、法律和行政法规相抵触的关于预算、决算的地方性法规和决议；[3] 地方各级人民代表大会及其常委会无权对下级人民代表大会及其常委会制定的关于预算、决算的地方性法规和决议作出撤销或改变。[4] 上述规定与《宪法》第 62条、第 67 条、第 99 条规定的全国人大职权、全国人大常委会职权和地方各级人民代表大会及其常委会的职权相一致。其内在逻辑是，人大常委会属于人大的常设机构，人大的民主性高于人大常委会，对于人大常委会的决议，人大自然可以作出改变或直接撤销。全国人大常委会可以对下级人大及其常委会制定的地方性法规和决议行使撤销权的情况仅有地方性法规和决议与上位法相抵触的情况。由于制定主体不一致，发挥规范作用的范围也不一致，全国人大常委会不能自行改变这些地方性法规和决议，发生违背上位法的情况时，只能行使撤销权。而地方各级人民代表大会及其常委会无权改变或撤

---

〔1〕《预算法》第 1 条、第 14 条。
〔2〕《预算法》第 20 条、第 21 条。
〔3〕《预算法》第 20 条、第 21 条。
〔4〕《预算法》第 20 条、第 21 条。

销下级人民代表大会及其常委会制定的地方性法规和决议，是因为不同级别的人大决议在民主性上并无高低之分，地方人大就本地区事务作出的决定不得被上级人大否定。同样的逻辑也体现在《立法法》第 99 条对法律位阶的规定中，《立法法》仅规定"法律的效力高于行政法规、地方性法规、规章。行政法规的效力高于地方性法规、规章"，而并未规定上级人大制定的地方性法规效力高于下级人大制定的。因此，上级人大对下级预算的监督既无法律依据，也无法理依据。上级人大出于监督目的而审查预算的理由不能成立。

除了知情权和监督权的理由不能成立外，从现实情况来看，下级人大举行会议审批本级预算的时间不一定先于上级人大会议举行时间。在很多地区，下级人大会议的召开时间晚于上级人大会议，换言之，上级人大审查的本级总预算中的下级预算，很可能是未经下级人大审批而未生效的预算草案，与最终经审批后的预算可能存在较大差异。[1] 从这个角度来看，上级人大审查下级预算（草案）则更无意义，反而加大了上级人大的审查工作负担，分散了本可以用来审议决定其他重要事项的时间和精力。

自 1994 年《预算法》制定以来，我国就已经确定了一级政府一级预算的财政分权理论。在《预算法》制定之前，规范预算活动的是 1991 年国务院制定的《国家预算管理条例》。《国家预算管理条例》规定的预算审批方式是各级人大审批包括下级预算在内的本级总预算。[2]《预算法》的制定改变了《国家预算管理条例》的审批逻辑，确立了各级人大独立审批本级预算的财政分权制。然而，《预算法》关于上级人大审查下级预算的规定却依然沿用了《国家预算管理条例》的"统一领导，分级管理"理念，与一级政府一级预算的财政分权理念逻辑不自洽。《预算法》应当取消上级人大审查包含下级预算在内的本级总预算的规定，将财政分权理念贯彻到整部法律之中。

---

〔1〕 刘剑文、熊伟：《预算审批制度改革与中国预算法的完善》，载《法学家》2001 年第 6 期，第 54 页。

〔2〕《国家预算管理条例》（已失效）第 37 条规定："各级总预算经本级人民代表大会批准后，本级人民政府的财政部门应当及时向本级各部门批复预算。各部门应当向本部门所属各单位批复预算。"

二、审批的形式

在《预算法》第五章"预算审查和批准"的规定中，仅可知人大行使预算审批权，却并未规定人大审批预算的形式。人大是否可以对政府提出的预算草案进行部分修改，是否可以仅批准其中的一部分等必要的审批形式规定都未被《预算法》涵盖。从全国人大和地方各级人大审批预算的实践看，目前人大审批预算采取的是全部肯定或全部否定的捆绑式表决，即一次投票表决四本总预算的全部内容通过与否，而不能仅批准一部分预算项目，对另一些不予批准，更鲜有对预算草案的修正。在这种全有或全无式的审批模式下，"如果投赞成票，就会连不合理的预算也一起赞成；如果投反对票，则连合理的预算也一起反对"。[1]事实上，赋予人大预算修正权和分项审批权是人大对预算进行实质审查的必要因素，全有或全无的审批方式极易使预算审批停留在形式层面，进而虚化人大的民主核心地位。

（一）分项审批

大体上来说，预算审批方式可分为综合审批和分项审批两种方式。综合审批指的是将一揽子预算草案作为统一的整体进行一次性审批；分项审批指的是将预算草案中可以独立出来的内容拆分并分别进行审批。[2]我国目前采取的是预算综合审批方式，人大批准预算的表决结果只有全部通过和全部否定两种形式。我国的预算实情是，人大一般不会行使预算否决权，预算被人大否决的情况屈指可数。[3]这是因为综合审批方式决定了预算草案一旦被否决，将使得草案中本可以通过的部分也连带被否决，而预算与国家发展和公民生活的方方面面密切相关，人大否决预算将导致政府停摆，进而产生

---

〔1〕 缪国亮：《从财政预算审批谈人大制度改革》，载《人大研究》2013年第8期，第16页。

〔2〕 汤喆峰：《预算审批制度的域外经验及其对我国的启示》，载《求索》2013年第6期，第202页。

〔3〕 有学者统计了仅有的几次预算草案被人大否决的情况，分别是1995年河北省饶阳县人大针对预算安排不能保证文教人员工资的问题两次否决预算，第三次审查才予以批准；2002年湖南省沅陵县人大否决财政预算报告，4个月后加开一次县人代会才批准预算报告；2005年新疆昌吉市人大常委会否决了2004年财政决算和2005年上半年财政预算执行的报告，理由是追加预算支出前未经预算调整，违反预算法的规定。参见陈仪：《"激活"人大预算审批权力——评承德政府预算两遭人大驳回》，载《甘肃行政学院学报》2009年第4期，第28页。

严重影响。[1] 对此种严重后果的担心使得人大代表投票表决预算草案时，十分谨慎。而如果预算草案中出现了极为严重的问题，如违宪违法等问题，由于人大不具有预算修正权，只能肯定或否定，这些严重问题使得人大代表不得不对整个预算草案作出否决。那么预算草案中合理合法的项目也会连带被否决，这些项目的预算经费也会因此无法审批和下达，由这些预算经费支持的工作也不得不因此暂停。无论在何种政治体制下，整体否决预算都会带来明显的政治动荡。[2]

我国采取综合审批而非分项审批的预算审批方式与我国进入现代预算较晚具有直接的关系。综合审批实际上反映的是一种长期以来形成的预算形式民主误区。我国进入现代预算时代之前，预算理念受计划经济影响较为严重，预算不是人民决定的，而是人民被动接受的。在这种理念的影响下，即使宪法规定了全国人大行使预算审批职权，人大对预算的审批也只是形式上的同意，人民既不参与预算的编制，也无法真正审议预算内容后决定批准。既然只是人大审批形式作用，根本不存在人大不批准通过预算的可能性，就自然无须将预算分项提交人大审批，人大一次性审批全部预算草案足以满足形式民主的要求，无需分项审批。

2014 年《预算法》修改过程中，经过长达数年的博弈和对专家、民众意见的吸收，已将诸多现代预算理念融入预算法律制度之中。从立法宗旨上看，当前的《预算法》应当是一部真正旨在实现预算民主的现代预算法律。遗憾的是，修改后的《预算法》未对现实中的一揽子审批方式作出法律明示的纠正，新法依然以默许的方式延续了预算综合审批方式。而这种一揽子的综合审批方式与现代预算理念不符，并不能符合预算法的立法宗旨。

预算综合审批的现实后果有两种：一是为了片面追求效率而枉顾预算草案中的问题，将有问题的和无问题的预算草案一次性打包通过；二是为了实现预算的实质作用，严格审查预算草案中的所有内容，发现问题就全盘否

---

〔1〕 刘剑文主编：《民主视野下的财政法治》，北京大学出版社 2006 年版，第 248~249 页。

〔2〕 刘剑文、熊伟：《预算审批制度改革与中国预算法的完善》，载《法学家》2001 年第 6 期，第 57 页。

定，打回财政部门修改后再次审查，直至将所有问题纠正完毕，才批准全部预算草案。这两种现实后果一个是牺牲民主，另一个是牺牲效率，都是不可取的。在预算的审批问题上，民主和效率并非不可兼顾，分项审批就是一个很好的解决方式。合格的预算可以及时通过人大审批而后下达，不影响相关财政活动的正常开展，可以保证国家生活在整体上不受影响。人大仅否决不合格的预算，发回财政部门修改，而后再次针对修改情况作出表决。有问题的预算毕竟是少数，分项审批既能保障财政运行大局，也不会放任有问题的预算直接进入执行环节。

分项审批的推进需要预算法、人大议事规则、人大组织法等法律共同作出修改。这是因为分项审批需要必要的时间保障，当前偏短的人大会期必然无法满足部分不合格预算的"否决—修改—再审"的时间要求，分项审批模式需要配合前文的人大会期延长建议同步推进。

（二）人大预算修正权

如果说分项审批模式是人大预算审批形式上的优化，那么明确人大的预算修正权则是对人大预算审批权内涵的拓展。预算修正权就是改变预算草案的权力，是指预算审批主体对进入审议程序的预算草案进行修改的权力。[1]

从理论上说，人民代表大会作为国家权力机关，不仅拥有预算审批权，而且还应当拥有预算提案权。只是由于预算本身的政策性和技术性，预算提案权往往由负责预算执行的行政部门行使。[2]这与制定法律的逻辑是相同的。法律草案不一定由立法机关亲自起草，专业领域的立法往往先交由负责该专业的国家机关起草，然后由全国人大（宪法和法律委员会）在该初稿的基础上进行修改，形成二审稿、三审稿……直至终稿。《预算法》的制定即是现有国务院起草初稿，而后由法律委员会（宪法和法律委员会的前身）多次修改和提交审议。预算与法律在审批程序和效力等方面具有很大程度上的相似性，只是较之于法律，预算的专业性更强，因此预算编制比法律制定更

---

〔1〕　林慕华：《中国"钱袋子"权力的突破：预算修正权》，载《甘肃政法学院学报》2009年第6期，第145页。

〔2〕　刘剑文、熊伟：《预算审批制度改革与中国预算法的完善》，载《法学家》2001年第6期，第52页。

依赖具有专业信息和专业知识的国家机关，即政府财政部门。法律的制定一般只有初稿由其他专业机关起草，最终形成的法律草案几乎都是由立法机关修改形成的。而预算草案几乎完全由财政部门编制，即使引入审查主体的提前介入制度，预算编制也是由财政部门主导，审查主体提前介入主要是为编制提供建议，而非代替财政部门而亲自进行预算的编制。尽管财政部门主导预算编制，但却并不能因此就完全排除人大修改预算草案的权力。

综观世界各国，几乎所有的国家都允许议会对政府预算进行审议，议会亦有权对之提出修正意见。[1] 我国《宪法》明确规定全国人民代表大会是最高国家权力机关，地方各级人民代表大会是地方国家权力机关，而国务院仅是最高国家权力机关的执行机关。可见，在我国，立法机关的权力高于其他国家机关。我国的人民代表大会拥有更高的预算权。

赋予人大预算修改权不等于人大可以不受限制地对预算草案进行修改，毕竟在预算专业性上，人大不及政府财政部门。而且立法机关在公共资金的使用上，同样可能存在"掠夺性机会主义行为"。[2] 人大的预算修改权同样需要受到约束。很多国家都规定了议会修正预算与政府的制衡机制，如美国《预算和会计法》规定国会享有预算修正权，但总统可以否决国会通过的预算。[3] 德国《基本法》规定："如法律将导致增加预算计划中联邦政府建议的支出、导致新支出或将来会产生新支出，其制定需征得联邦政府同意。如法律导致减少收入或引起将来减少收入，其制定也须征得联邦政府同意。联邦政府可要求联邦议院终止此类法律的决议。"[4] 一般来说，预算审批主体对预算作出的修改应当尊重行政机关对预算草案的原初判断，不得破坏预算收支平衡。因此有学者建议将人大的预算草案修正权限制在科目流用范围内，尊重政府的预算信息优势和预算编制、执行的经验，避免预算草案内容

---

〔1〕 陈仪：《"激活"人大预算审批权力——评承德政府预算两遭人大驳回》，载《甘肃行政学院学报》2009 年第 4 期，第 27 页。

〔2〕 魏陆：《人大预算修正权困境研究》，载《社会科学》2014 年第 12 期，第 30 页。

〔3〕 朱大旗、李蕊：《论预算审批制度的完善——兼论我国〈预算法〉的修改》，载《当代法学》2013 年第 4 期，第 104 页。

〔4〕 《德意志联邦共和国基本法》第十章"财政制度"第 113 条。

起伏过大，增加预算协调的难度。[1]

三、审批的结果

当前的《预算法》对预算审批形式和预算审批后果都未作规定。预算审批实践中的捆绑表决模式下，经过人大审查批准程序的预算草案无非有被批准和未被批准两种结果。被批准的预算将生效，从而进入执行环节，需要受到《预算法》《预算法实施条例》等法律法规的约束。至于未被批准的预算草案，其后果如何，后续应当如何处理等，《预算法》却只字未提。除了直接在人民代表大会审批环节被否决的情况外，《预算法》还规定了一种可能使预算失效的情况，即省级预算被全国人大常委会撤销的情况。根据《宪法》赋予全国人大常委会的职权和《预算法》第 20 条的规定，全国人大常委会有权撤销省级人大及其常委会制定的同宪法、法律和行政法规相抵触的关于预算、决算的地方性法规和决议。然而，《预算法》却并未规定批准预算的决议被撤销后，后续应当如何处理。

（一）预算草案被否决

预算草案被否决的法律后果应当与前文建议的分项审批与人大预算修正权共同在预算法中进行修改。预算草案被否决的后续处理应当基于分项审批和人大预算修正权的制度基础来制定。分项审批可以使被否决的预算范围控制在较小的范围内，不影响其他合理预算的批准和执行。而在预算草案出现可被人大修正的问题时，人大可以先行使预算修正权，调整预算资金的使用方面或项目，使预算草案符合批准的标准，而后在正式决议时批准通过。

如果某项预算草案出现的问题超出了人大有限的预算修正权范围，那么该项草案只得被否决，发回财政部门处理问题，重新编制。人大否决预算草案不应简单投出反对票，而应将预算被否决的原因和人大建议的解决方案详细提供给财政部门。财政部门应当及时根据人大提出的问题和修改建议作出

---

〔1〕　科目流用指的是，在维持预算草案收支总额不变，在预算科目之间调用资金，即改变预算资金的使用方面或项目。参见刘剑文、熊伟：《预算审批制度改革与中国预算法的完善》，载《法学家》2001 年第 6 期，第 52~53 页。

修改处理，并将处理情况和处理结果整理成报告，反馈给审批主体。

财政部门处理人大提出问题的时间可能会超出人大会议召开的时间。尽管笔者在前文中建议全国人大会期延长至一个月，却无法保证人大否决预算草案的问题可以在人大开会期间得到处理。《预算法》应当规定财政部门有尽快处理问题的义务，同时应分两种情况规定财政部门处理完问题的后续审批流程。

第一种情况是当财政部门处理完问题时，人大仍在召开，那么当然应当将重新编制的预算草案和处理情况报告提交给人大再次审议，人大认为处理后的预算草案没有问题的，应当批准通过。

第二种情况是当财政部门处理完问题时，人大已经闭幕，那么此时的预算审批应当参照预算调整方案的审批流程，在预算法中作出明确规定。先由预算委员会审查修改后的草案是否对人大提出的问题作出了处理，形成预算委员会审查意见，而后将审查意见和财政部门提交的预算草案、问题处理报告一并提交给本级人大常委会进行审批。虽然人大常委会的民主性不及人大，但人大会议召开时间受限，人大常委会作为人大的常设机构，可以在人大闭会期间代替人大履行一些必要的职权。人大闭会期间人大常委会工作职权来源于《宪法》第 67 条的规定，在预算事务方面，宪法赋予人大常委会在人大闭会期间审查和批准预算在执行过程中所必须作的部分调整方案的职权。宪法仅明确规定了人大开会期间审批预算和预算执行情况的报告，人大闭会期间由人大常委会审批预算调整方案，并未规定决算的审批权，而决算的及时审批又是非常必要的，那么立法者可以根据制宪的逻辑推测制宪者的目的，对宪法未明确规定的内容制定不违背宪法逻辑的法律规定。虽然宪法仅规定了人大常委会对预算调整方案的审批权，但实际上，《预算法》还规定了人大常委会负责决算的审批。这是因为，决算的编制发生于每一预算年度终了后，待决算草案编制完成，并经过审计部门审计后，时间往往已经到了年度中旬，人大处于闭会期间，宪法规定全国人大每年召开一次，无法在年中增开一次，因此只能由人大常委会审批决算。被驳回的预算草案修改后的审批与决算的审批具有逻辑上的一致性，都是应当及时审批的重要预算文件，但都发生在人大闭会期间，由人大常委会代为审批是在尊重宪法规定的人大开会周期下的最合适安排。驳回的预算草案修改后由人大常委会审批的必要前提是分项审批制的落实，分项审批缩小了被驳回预算的影响范围，可以及时发现问题并处理问题，促进预算的实质正当性。

（二）预算批准决议被撤销

预算的法律效力来源于人大对预算草案的批准，如果省级人大的预算批准决议被全国人大常委会撤销，那么省级预算将因批准决议的撤销而失去效力。未生效的预算不得作为执行的依据，如果发生预算撤销，撤销后的预算执行依据和撤销前的预算执行效力都应当明确规定在预算法之中。"明确规定应对措施有利于避免极端情况下可能出现的财政合法性危机，确保政府正常运转与社会稳定。"〔1〕

预算撤销后的一切财政收支行为将由于没有生效的预算依据而不得开展，预算法应当明确规定省级预算编制主体和审批主体应如何进行预算撤销后的处理。从《预算法》第 20 条的规定中可知，全国人大常委会撤销省级人大预算决议的理由仅有违法性一种。省级预算同宪法、法律和行政法规相抵触，或是形式问题，或是实质问题，但这些问题应该都是比较容易纠正的问题。省级人大审批预算也会经历初步审查和全体人大代表审查批准的法定程序，经过省级人大审查的预算仍然存在严重的、范围广泛的违法性的可能性很小，纠正问题不会需要太多时间，应当按照法定程序由财政部门修改预算中的问题后提交本级人大常委会审议，如果本级人大常委会认为全国人大常委会提出的问题已得到处理，则可以批准预算生效。本级人大常委会应当向全国人大常委会提交问题处理情况和审批情况的报告。如果全国人大常委会撤销省级人大对预算的批准决议并不是因为省级预算本身的问题，而是因为省级人大的问题，如未按照宪法和预算法规定的审批程序进行审批，则无须修改预算，仅需纠正省级人大的审批问题即可。

既然预算因本级人大批准决议的撤销而失去效力，那么撤销前的预算执行是否会因预算撤销而涉嫌违法？预算法应当对撤销前的预算执行效力分情

---

〔1〕 汤喆峰：《预算审批制度的域外经验及其对我国的启示》，载《求索》2013 年第 6 期，第203 页。

况作出具体规定。笔者认为，不应在预算批准决议撤销发生时立刻宣告撤销前的预算执行无效，而应根据纠正后的预算是否对已执行的部分作出了修改而决定撤销前执行的效力问题。如果纠正后的预算并未对已执行的部分预算作出修改，那么已执行的部分预算可以被追认有效；如果纠正后的预算并未对已执行的部分预算作出修改，那么未修改的部分已执行预算可以被追认有效，已修改的部分所对应的预算执行应当作出调整。

四、小结

深化预算体制改革的根本在于建设真正意义上的民主预算体制，而预算民主性的核心集中于预算的审批环节。必须清楚界定预算审批对象，完善审批形式，廓清人大审批预算的权力范围，同时使预算审批的各种结果及其对应的后续处理在预算法律中明确化。唯此，才能使预算审批制度与现代预算理念接轨，让人大代表敢于表达真实的意见并且有顺畅的意见表达渠道和制度保障，维护人大在预算活动中的核心地位，使预算审批突破形式主义，迈向实质民主。

第五章

政府预算职权的规范行使

由行政机关主导的预算活动主要集中于预算编制环节和预算执行环节。编制和执行国家的预算是宪法赋予国务院的职权。预算编制是所有预算活动的基础，编制的预算草案经审批通过后即成为预算执行的依据，通过预算执行把财政收支计划变成实际的财政收支行为。预算活动中的行政权力举足轻重，政府既是计划的制定者，又是计划的执行者。编制预算的权力如果不规范行使，那么将动摇所有预算活动的根基；执行预算的权力如果不受到规范约束，将会导致预算形式主义，使行政权力有凌驾于人民权利之上的危险。

第一节　预算编制的民主要求

一、有利于审批的预算草案和预算报告

（一）编制内容的全面性和真实性

预算编制是对未来财政收入和支出的详细规划，体现着国家的政治决策和治理方向。预算编制是所有预算活动的基础，预算草案的质量直接影响预算的审批和执行。预算是人民通过代议机关约束政府的有力工具，经审批的预算是一切财政收支活动的依据，预算越全面、越详细，对政府行为的约束力就越强。反之，如果有未被预算涵盖的财政收支，那么对应的政府财政行为将由于无审批而缺乏民主合法性依据；如果预算虽然涵盖了所有财政收支，但预算内容过于概括，无法从中得知具体的收支计划，那么无疑会给行政权过宽的自由空间，以致行政权无法按照人民的意愿行使，也会降低行政

行为的民主合法性。为了使一切财政活动都能够在预算中获得清晰的指引和有力的约束，预算的内容必须全面且精细。不仅如此，预算编制所依据的财政数据必须真实、准确，编制预算必须符合实际。唯有如此，人大审批的预算才是真实可靠的，经过审批的预算才能真正成为约束公权力行为的有效方式。从内容上看，一份有利于审批的预算草案，在编制时必须同时符合全面性、精细性和真实性原则的要求。

全面性原则，也称完整性原则，在我国也称为全口径预算，是指预算应包括全部财政收支，反映全部财政活动，不应有预算以外的财政收支，也不应有预算以外的财政活动。[1] 预算全面性原则是传统预算原则之一，虽然传统预算原则在 20 世纪 70 年代以后逐渐受到挑战，但全面性原则却始终被各国和各理论派别所拥护。[2] 在我国，"全口径预算"提出前长期存在大量预算外收支，甚至制度外收支，政府的实际收入与经预算审批的财政收入范围并不一致，前者范围远大于后者，并且这些未受规范管理的收支占全部政府收支的比重越来越大，政府收支有失控的风险。在此背景下，党和政府开始积极探索如何将全部政府收支纳入规范化管理，"全口径预算"的概念在 2003 年第一次被提出，[3] 此后，党中央、国务院先后多次发文强调全口径预算的重要性。[4] 全口径预算管理要求所有政府收入必须接受立法机关的控制，也就是所有政府收支规模、收入筹集、支出用途都应由各级人大授权，接受人大及社会公众的监督。[5] 伴随现代国家政府职能的扩张，政府履行公共责任也不仅包括传统的亲自履行的方式，而是多主体共同参与式。

---

〔1〕 余鹏峰：《社会保障预算法治化探究》，载《河北法学》2017 年第 2 期，第 149 页。

〔2〕 马骏：《公共预算原则：挑战与重构》，载《经济学家》2003 年第 3 期，第 73~81 页。

〔3〕 党的十六届三中全会通过的《关于完善社会主义市场经济体制若干问题的决定》第一次提出"全口径预算"的概念。

〔4〕 2003 年，中共中央《关于完善社会主义市场经济体制若干问题的决定》："实行全口径预算管理和对或有负债的有效监控。加强各级人民代表大会对本级政府预算的审查和监督。"2005 年，国务院《关于 2005 年深化经济体制改革的意见》2013 南："改革和完善非税收入收缴管理制度，逐步实行全口径预算管理。"2012 年，党的十八大报告："加强对政府全口径预算决算的审查和监督。"2013 年中共中央《关于全面深化改革若干重大问题的决定》："实施全面规范、公开透明的预算制度。"2014 年，第十二届全国人民代表大会第二次会议政府工作报告："着力把所有政府性收入纳入预算，实行全口径预算管理。"

〔5〕 高培勇、中国社会科学院财经战略研究院课题组、张蕊：《完善预算体系 加快建立现代预算制度》，载《中国财政》2015 年第 1 期，第 33 页。

广义的全口径预算收支不仅限于政府机构自身的收支，还应包括政府履行公共职责直接或间接控制和管理的各种形式的资金收支和相应的责任，即以公权力取得的全部收入及相应的支出。[1]可见，全口径预算与预算全面性原则的内涵是一致的，都要求将全部财政收支纳入预算，不允许存在游离于预算外的财政收支，全口径预算即是中国语境下的预算全面性原则。

预算全面性原则是 2014 年《预算法》修改后最为显著的进步之一，不仅在立法宗旨中增加了"全面规范"的要求，而且在预算编制一章中再次明确提出，作为预算编制的原则，要求"各级政府、各部门、各单位应当依照本法规定，将所有政府收入全部列入预算，不得隐瞒、少列"。[2]在全口径预算管理概念的提出和《预算法》修改后，预算外资金的情况已得到明显改善，预算全面性已经成了预算编制实践中不可或缺的指导原则。至于现实中部分地区仍然存在的少量预算外资金未列入预算的情况，预算监督机关应当给予格外关注，争取早日彻底消除预算外资金的存在。

预算内容的精细性原则属于全面性原则的内在要求，粗糙的预算内容必然不是全面的预算内容。如果预算编制过于概括，只有概括的收入和支出类型，那么即使收支总额确实包含了全部收支的计划，也不能符合预算的内在要求。预算内容的全面是涵盖具体收支的全面，而非仅要求总额的正确。否则，即使预算仅有收入总额和支出总额两个数字，也可以认为预算符合全面性原则。这显然十分荒谬。预算内容应当是全面而精细的，2014 年《预算法》修改后，细化了对预算科目的规定，明确要求各部门、各单位要按照政府收支分类科目编制预算草案，收入分为类、款、项、目四级，支出按功能分为类、款、项三级，按经济性质分为类、款两级。按照 2014 年《预算法》的规定，预算草案编制的精细性程度得到了显著提高。按照精细性原则的要求，编制的预算支出不仅包括任务的范围，还应包括支出方式。[3]对应到

---

[1]　李燕：《我国全口径预算报告体系构建研究——制约和监督权力运行视角》，载《财政研究》2014 年第 2 期，第 48 页。

[2]　《预算法》第四章"预算编制"，第 36 条第 2 款。

[3]　陈征：《论我国预算原则的完善——以行政活动的民主合法性为视角》，载《中共中央党校学报》2013 年第 4 期，第 85 页。

政府收支分类科目时，支出的任务范围指的是支出的"类"，支出方式在收支科目中分为"款"和"项"两个层次。如"206 科学技术支出"作为一类支出，属于指出任务的范围；而该类下面的"01 科学技术管理事务""02 基础研究""03 应用研究""04 技术研究与开发"等款属于科学技术支出的支出方式；这些支出方式又按功能细分为多个项，以"02 基础研究"为例，又包含"01 机构运行""02 自然科学基金""03 重点实验室及相关设施"等七项。[1] 编制预算草案包含支出的任务范围可以根据不同任务的紧迫性和现实需求程度来确定每一类财政支出的额度。而精确性原则还要求预算编制包含详细的支出方式，这是出于人大的民主调控目的。[2] 规定支出方式可以"确保全部支出被准确估算，提高调控的效果"；"目的和用途确定得越精细，行政机关的能动空间就越小，调控的效果也就越好"；此外，"支出方式的精细性有助于代议机关和公众全面掌握信息，使财政审查的强度增加而难度减小"。[3]

真实性原则是对预算编制数据质量的要求，既要求过程真实，也要求结果真实。过程真实是指政府财政部门编制预算时必须对财政收入和财政支出进行尽可能准确的估测。预算是对未来的估测，不可能与未来发生的实际预算收支完全一致，真实性原则也不要求估测与现实完全一致，而是要求尽可能接近，避免人为误差。态度审慎、方式科学的预算估测与现实情况的偏差属于预算本身的"系统误差"，真实性原则要求不断提高预算估测的方式，以减少预算本身的系统误差。结果真实是指最终呈现在预算草案中的数据必须与经科学审慎的预算估测过程所得出的数据一致，不能仅为了多获得财政转移支付收入而故意更改预算收入和支出数据。

真实的预算数据是审批的必要前提，而如果等到人民代表大会正式审查预算时才检查预算数据的真实性，则将由于人大会期和人大代表专业性的限制，很难真正发现问题。为了确保预算草案中的数据的真实性，笔者建议在

---

〔1〕 财政支出类、款、项的详细分类，参见《2020 年政府收支分类科目》（财预〔2019〕142 号）。

〔2〕 陈征：《德国预算原则、作用及理念》，载《北京人大》2016 年第 4 期，第 39 页。

〔3〕 陈征：《论我国预算原则的完善——以行政活动的民主合法性为视角》，载《中共中央党校学报》2013 年第 4 期，第 85 页。

人大财经委初步审批预算草案初步方案时即对预算数据进行真实性检验，可以考虑邀请审计机关专业人员提前介入初步审查，利用审计机关检查预算数据的专业性，采取随机抽样等方式，在初步审查允许的时间内，先行检查预算草案的数据真实性。受限于初步审查的时间，也许不能对全部数据都进行真实性检查，但审计机关的提前介入不仅可以起到结果上的纠正作用，也可以发挥事前威慑作用，使财政部门出于对法律责任的顾虑而审慎编制预算。

（二）编制形式的可读性

除了在内容上保证预算草案的全面性和真实性以外，预算草案和预算报告还应具有形式上的可读性。预算编制完成后即进入预算审批环节，预算编制应当以服务于审批为导向，内容的全面真实是预算审批的必要前提，而形式的可读性则有助于人大代表快速了解预算内容。无论是我国的人大代表还是其他国家的议会议员，都无法保障全员具有高水平的预算专业知识，能够对繁多的预算文件信手拈来，快速发现问题。人大代表的非专业性问题在我国尤为突出，我国的人大代表都是来自各行各业的兼职代表，代表自身的行业就处于财经领域的比例很小。在这种情况下，预算的可读性就更加不可或缺。

提交给人大会议的预算资料包括全国预算收支情况、中央本级所有部门的预算、中央转移支付表和预算简易读本。[1] 按照预算公开的要求，预算资料应当能公开尽公开，人大代表审议的预算资料也应向全体公民公开。从专业能力看，无论是人大代表，还是全体公民，其预算专业水平并不存在太大差异。因此，预算资料无论是面向人大代表，还是面向公民，其可读性要求都是一样的。预算草案的专业性要求预算编制采用严谨的会计格式，人大代表和人民可能很难读懂这些报表，而预算的严谨性要求这些专业报表的格式不能改变。为了消解专业要求和可读性要求之间的矛盾，政府应当积极提供各种可读性较强的预算说明，帮助不具备预算专业知识的人大代表和人民快速了解预算草案的重点安排。我国提供给全国人大代表的预算简易读本即

---

〔1〕　侯隽：《预算报告可读性有改进　但还是有代表看不懂》，载《中国经济周刊》2015 年第10 期，第 32 页。

是一种增强可读性的尝试，但仍有非常大的进步空间。

每年人民代表大会正式审查预算前，人大代表都会听取政府作出的上一年预算执行情况和本年预算草案的报告。预算报告是预算草案的高度概括，是人大代表了解预算全局情况，作出最终决议的关键性文件。因此，在很多预算制度成熟的国家，预算报告的可读性都是政府编制预算的重要标准。预算报告的形式不应由政府单方面决定，人大代表被动接受，而应当由政府依据代表的理解能力而设计预算报告的形式。在美国，为了让公众更好地了解预算信息，政府往往选择亲民化的报告形式，以期能拉近公众和政府的距离，以获得公众的支持。如芝加哥市预算报告采用明快鲜亮的设计风格，将重要数据以表格、饼状图、直方图等直观方式呈现，并且图文并茂地介绍政府已经付出的努力和未来要作出的改变，并附有阅读预算的指南。[1]这些增强可读性的方式对于不具备预算专业知识的公民了解预算信息非常有帮助。

归根到底，预算权是人民的权力，财政收入来自人民，并服务于人民。人民是预算的主人，当然有权了解所有预算信息。政府只是人民的代理人，编制预算和预算报告应当采用让人民能够看懂的方式，这也是政府履行人民委托的职责所在。预算是政府和人民互动的财政管理过程，不得由政府单方面垄断预算信息。对于全体公民而言，保障预算的可读性与推进预算公开的根本目的相同，都是为了保障知情权。预算信息虽然公开，但是很少有人能看懂，与预算不公开的实际效果差别不大。保障公民的知情权，不仅要提供信息，而且要以公民能理解的方式提供信息。

二、预算编制过程的多主体参与

无论在我国，还是在其他预算制度较为发达的国家，预算编制往往都由政府主导。这是因为政府负责预算的具体执行，在预算信息和专业知识方面更有优势。我国宪法也明确规定编制国家的预算属于国务院的职权。而诚如

---

〔1〕 王淑杰、唐盟：《美国政府预算报告的镜鉴与引申》，载《中国财政》2018 年第 1 期，第 82 页。

前文所言，预算编制是预算活动的第一个环节，编制应当服务于人大代表的审批，编制的预算草案越符合人民的意愿，就越容易顺利通过审批。从根本上来说，预算编制应符合人民的意愿；从审批程序来看，预算编制应满足审批主体的要求。因此，如果能在编制环节就邀请审批主体和公众提前了解预算编制计划，听取审批主体的专业建议和人民的现实需求，那么既可以提高预算的满意度，也可以增加预算草案通过的概率，还能够让预算编制活动更接近现代预算的民主本质。从结果上看，人大审批通过后的预算和预算执行情况还需接受审计机关、人大和公众的监督。其中，审计监督是专业性最强的预算监督方式，可以通过审计专业手段查出预算中存在的专业问题。为尽量避免在审计监督中发现问题，在预算编制的过程中可以邀请审计机关先行介入，为预算编制提出专业意见，避免审计中经常出现的问题。行政机关依职权编制预算并非完全排除其他主体的参与。反之，初步审查主体、审计机关和公民等其他主体的参与可以使预算编制工作更有质量和效率。

　　近年来，我国部分地区积极探索参与式预算的新模式，在预算编制和审批环节引入公众参与，让公民有机会参与到预算的讨论和决策过程中来。在我国，参与式预算往往指的是预算过程中的公民参与。浙江省温岭市原创的民主恳谈式预算是一种参与式预算模式的积极探索。民主恳谈式预算是以公众参与和对话为基本特征，鼓励、引导社会公众制度化参与地方政府公共政策制定和公共事务决策的协商民主制度。[1] 温岭市新河镇自 2005 年开始探索参与式预算改革，在近十年的时间里，积累了较为丰富的经验。2013 年制定通过了《新河镇参与式预算民主恳谈工作规程（草案）》和《新河镇预算审查监督试行办法（草案）》，这两个规范性文件将新河镇的实践经验固定下来，为我国其他地区提供了宝贵的参考和改革范本。[2]

---

　　〔1〕　周志芬：《以协商民主创新社会治理》，载《科学社会主义》2014 年第 5 期，第 102 页。最初的民主恳谈主要针对预算审查和监督环节，后来，在民主恳谈的框架下，不断扩大了公众对于预算的参与过程，将原来人民代表大会对于预算民主审议的过程发展为由公众参与政府预算制定、人大审议和监督的全过程。参见彭آ超、李洺：《预算参与：地方预算改革的合法性危机及转换》，载马骏、谭君久、王浦劬主编：《走向"预算国家"：治理、民主和改革》，中央编译出版社 2011 年版，第 251~253 页。
　　〔2〕　程国琴：《法治视域下参与式预算研究》，上海交通大学 2016 年博士学位论文，第 113 页。

参与式预算则改变了公民仅参与预算事后监督的局面，使公民参与贯穿到全部预算程序中。预算编制是年度财政活动计划的最初体现，包含对下一年度的公共财政的支出安排，这些安排不应由政府单方面决定，而应当充分吸收公民的意见，使财政支出满足公民对公共物品和公共服务的需求。正如美国公共行政专家托马斯所言："公民绝不仅仅是政府提供公共服务的消极消费者，听任政府按照自己的想法供给公共物品；当然，他们也不仅仅是传统公民参与理论界定的选择代议人的投票者。应该看到，富有积极能动精神的公民，还是表达自身利益、影响公共政策的有生力量。"[1]

参与式预算看似倒置了预算活动中公众参与程序的顺序，将事后监督提前为事前参与，而实际上，是让预算程序回归到预算的民主本质。如果人民参与预算活动的渠道仅有处于预算程序最后一环的预算监督，那么民意表达方式将被限缩于对已经确定的财政收支计划的肯定或否定，即使公民的监督意见被采纳，预算的反应也必然滞后。预算收入主要是来自纳税人的税收收入，纳税是公民将部分私有财产权向国家的让渡，是公民获得国家提供公共服务的对价，国家只是公民的代理人，因此税收应取之于民用之于民，如何用之于民应当由公民自己决定，而非被动接受国家的提供，否则将违背公民与国家之间的委托代理关系。因此，将公民参与预算活动提前到预算编制环节是最能符合预算活动民主本质的方式，让公民参与决定未来的财政收支计划，真正发挥预算权主体的作用。参与式预算是让财政活动从政府主导的供给型财政模式回归到公共财政和民生财政的最佳契机。[2]预算本就是落实民主政治最原始亦是最有效的工具。虽然我国采用间接民主制度，人民通过人民代表大会治理国家，但这并不排除具体国家治理活动中的直接民主。在可以采用直接民主方式吸纳民意的事务方面，直接民主更有利于公民意见的表达。参与的过程也是一个教育的过程，有助于公民民主意识的培养和公共

---

〔1〕 ［美］约翰·克莱顿·托马斯：《公共决策中的公民参与：公共管理者的新技能与新策略》，孙柏瑛等译，中国人民大学出版社 2005 年版，译者前言第 2～3 页，转引自程国琴：《法治视域下参与式预算研究》，上海交通大学 2016 年博士学位论文，第 38 页。

〔2〕 武彦民、李明雨：《公共选择：公共财政理论可操作化的必由之路》，载《财经论丛》2010年第 2 期，第 24～30 页。

事务知识的增进。公民参与预算的编制可以增强公民与政府的互动，促进双方的互相理解，提高财政收支安排决策的效率和合法性。[1]

初步审查主体提前介入到预算的编制环节在前文第三章预算初步审查中有所涉及。由于预算编制的直接检验来自编制完成后的预算审批，因此，预算审查主体的意见对预算编制而言至关重要。如果能在预算草案的编制过程中提前了解审批主体的意见，那么可以在很大程度上减少正式审批预算被否决的概率，有利于预算审批的结果。在预算编制的工作过程上，预算审查主体的意见也可以减少编制的问题，提高编制的工作效率，事半功倍。

审计机关提前介入预算编制可以在两方面发挥作用。其一，辅助初步审查主体。审计机关工作人员的专业工作技能和工作方式可以为初步审查主体提供重要帮助。虽然审计机关和初步审查主体都具备预算专业知识和审查专业能力，但二者的审查目的各有侧重，审计机关的辅助可以帮助初步审查主体获得更全面的信息。其二，从事后审计监督的角度，将审计监督提前到预算编制环节，将审计工作中出现频率较高的问题和专业处理建议提供给预算编制主体，减少这些问题再出现的可能。审计监督的主要对象是预算执行，而很多预算执行中的问题根源在于预算的编制，预算一经审批通过即不能更改（除非出现预算调整的情况要件），行政机关必须严格执行预算。当预算编制不够科学合理，未考虑到预算执行的难度时，预算执行就很难具有科学性。审计工作中出现频率较高的问题虽然可能并不是本地区出现过的，而是审计机关基于其他地区的审计监督结果而发现的，但是这些其他地区的问题对本地区依然具有较大的借鉴意义，可以避免在未来出现同样的问题。

目前《预算法》中并未规定多主体参与预算编制的可能性，在"预算编制"一章的规定中，唯一可能与之有关的抽象表达是第 32 条第 1 款"各级预算应当……按照规定程序征求各方面意见后，进行编制"。至于该法条中的"各方面意见"都包含哪些意见，"规定程序"是什么程序等必要内容，《预算法》则只字未提。《预算法》是预算制度的核心规范，对其他预算相关

---

[1]　Renée A. Irvin and John Stansbury, "Citizen Participation in Decision Making: Is It Worth the Effort?", *Public Administration Review*, Vol. 64: 1, p. 56 (2010).

法律法规的制定发挥着重要的指引作用，应当在增强预算民主的制度设计上亲自作出规定，而非抽象地规定"按照规定""相关规定"等模糊措辞，将重要规定的制定权下放给行政机关。预算编制环节多主体参与的基本内容和基本程序应当由预算法亲自规定，具体细节性规定可以授权行政机关代为制定。

第二节　政府执行预算的能动性限度

宪法规定全国人民代表大会是最高国家权力机关，地方各级人民代表大会是地方国家权力机关，国务院是最高国家权力机关的执行机关，地方各级人民政府是地方各级国家权力机关的执行机关。既然政府是人民代表大会的执行机关，那么政府的一切行为都应当有来自人民代表大会的依据。人民代表大会规范行政行为最主要的两种方式即是法律和预算。二者约束行政权的方式都是"法无授权即禁止"。经审批的预算即构成授权行政机关开展财政活动的规范依据，未被预算涵盖的财政收支则属于无预算授权的情况，行政机关不得为之。然而，预算与法律对政府的约束作用并不相同。预算仅规定财政活动的上限，而不限制财政活动的下限。较之于法律，预算给政府的自由空间更大，政府在预算执行活动中具有一定的能动性。"积极主动、负责任的政府，可以将法律授权用到极致，为民众谋福利。消极懈怠、故步自封的政府则会不求有功，但求无过，形成懒政。"[1]

政府执行预算的能动性指的是政府在预算授权范围内的自由行政空间，这个自由空间的大小取决于预算授权的多少。预算越概括，政府执行预算的能动性就越大；预算越具体，政府执行预算的能动性就越小。预算的本质是人大通过授权实现限权，[2]根本目的在于限权。这就要求作为授权规范的预算不能过于概括抽象，而应当尽量具体。预算本来就不要求政府财政活动的下限，如果在上限的确定上还过于粗糙，则会导致政府预算执行的能动性

---

〔1〕　熊伟：《预算管理制度改革的法治之轨》，载《法商研究》2015年第1期，第18页。

〔2〕　陈征：《论我国预算原则的完善——以行政活动的民主合法性为视角》，载《中共中央党校学报》2013年第4期，第81页。

过大，无法实现控权目的。

2014 年《预算法》修改后，预算授权的细致程度得到明显提高，从范围上的全面性到内容上的精细性都有所改进，绝大多数财政收支活动都可以在预算中获得较明确的约束。从目前的预算法规定和预算现实看来，政府预算执行能动性过大的典型预算事务有两方面：一是政府举债；另一是财政转移支付。在政府举债方面，全国人大仅对政府总债务余额的限额进行批准，具体债务管理由国务院负责，只要保证债务余额不超过人大批准的限额，国务院就可以全权决定发债规模、种类、期限和时点的管理方式，如决定新旧债替换、地方债务额度分配等债务管理等大小事宜。至于财政转移支付，预算法采取了概括授权国务院立法的方式，将央地预算收入和支出项目的划分、地方向中央上解收入、中央对地方税收返还或转移支付的具体办法全部打包授权国务院规定。下文将主要就政府举借债务和央地财政转移支付这两个政府能动性过大的预算事务展开详细讨论。

一、政府举借债务的限制

自凯恩斯主义盛行以来，国家逐渐采取积极的财政政策，促进需求增长，刺激经济，并亲自参与到更多公共需求的提供中来。[1] 而以税收为主的财政收入水平相对稳定，国家的税收收入总量难以支持日益增长的财政需求。在此背景下，举债成为重要财政手段，公债的功能得到越来越多的重视，公债作为国家财政收入非常重要的组成部分已经被广泛接受和推行，对现代财政的重要性也得到了普遍认同。在我国，举借债务也成为越来越重要的财政手段，债务余额呈逐年上升趋势。

---

〔1〕 凯恩斯主义盛行前，西方国家奉行的是亚当·斯密的古典经济理念，认为国家财政收支应当保持实质平衡，不征税就不支出，政府不应为了给人民带来短期利益而在公共财政中推行赤字财政，使后代受到赤字的严重束缚。[美] 布坎南、瓦格纳：《赤字中的民主——凯恩斯勋爵的政治遗产》，刘廷安、罗光译，北京经济学院出版社 1988 年版，第 3 页。

表 4　中央财政债务余额情况

单位：亿元

年　份	合　计	国内债务	国外债务
2005	32614.21	31848.59	765.52
2006	35015.28	34380.24	635.02
2007	52074.65	51467.39	607.26
2008	53271.54	52799.32	472.22
2009	60237.68	59736.95	500.73
2010	67548.11	66987.97	560.14
2011	72044.51	71410.80	633.71
2012	77565.70	76747.91	817.79
2013	86746.91	85836.05	910.86
2014	95655.45	94676.31	979.14
2015	106599.59	105467.48	1132.11
2016	120066.75	118811.24	1255.51
2017	134770.15	133447.43	1322.72
2018	149607.41	148208.62	1398.79
2019	168038.04	166032.13	2005.91

资料来源：《中国统计年鉴 2020》。

　　我国《预算法》中涉及债务管理的仅有第 34 条对中央政府举债的规定和第 35 条对地方政府举债的规定等两个条文。对举借债务提出了一些抽象的原则性要求。目前我国尚无公共债务管理法等相关法律，中央政府债务和地方政府债务的具体管理权全部由国务院行使，国务院在政府举借债务事务上具有非常宽泛的决定权和管理权，而政府举债的行政权力过大会导致一系列严重后果的产生。尽管公债已经成为获得认可的国家财政收入方式，但过度使用公债对国家治理和公民权利可能构成潜在威胁，甚至可能动摇财政民主的根基。

（一）政府举债中的民主难题

1. 收支平衡原则的形式化

收支平衡原则也称不列赤字原则，是我国《预算法》第 12 条明确规定的预算原则，也是世界各国预算活动普遍遵循的重要原则。在凯恩斯经济学理论提出前，收支平衡原则是预算活动的金科玉律。在严格收支平衡原则的要求下，公共预算即使没有盈余，也至少要保持平衡，只有在战争等非常特殊的情况下才容忍赤字的出现，[1] 并且这种特殊情况下的赤字必须在接下来的若干年内通过调整预算支出来弥补。而当公债成为财政收入的合法来源后，预算收支平衡的逻辑由"量入为出"开始转向"以支定收"，收支平衡原则也由对预算实质收支平衡的要求转变为对预算形式收支平衡的要求。

然而，形式收支平衡的这种以支定收的逻辑在某种程度上会加剧租税国的危机，[2] 使政府扩大支出受到的限制更少，加剧公共支出的膨胀，仅依靠税收无法支持日益扩大的公共支出需求，财政赤字问题则会越来越严重，为了弥补赤字，又增发更多的公共债务，造成恶性循环。因此，收支平衡原则的形式化趋势必须及时得到控制，否则愈演愈烈的形式化收支平衡将促生更多公债的产生，最终彻底背离该原则的根本意义。"收支平衡原则的根本意义是在特定财政周期内禁止国家实施那些无法通过财政收入覆盖的财政支出行为，若一切支出都可以被举借债务获得的收入所覆盖，则该原则将失去意义。"[3]

2. 对租税国原则的挑战

租税国是指一国的收入主要来自人民所缴纳的税收收入，有别于 19 世纪仍有部分主要收入来自国有土地、国有财产及国营事业的公有财产国家。[4] 熊彼特认为租税国家与现代国家同时诞生，共同发展。[5] 税收的意义是可

---

〔1〕　［美］布坎南、瓦格纳：《赤字中的民主——凯恩斯勋爵的政治遗产》，刘廷安、罗光译，北京经济学院出版社 1988 年版，第 10 页。

〔2〕　葛克昌：《租税国的危机》，厦门大学出版社 2016 年版，第 4~7 页。

〔3〕　陈征：《国家举借债务的宪法界限》，载《政治与法律》2020 年第 10 期，第 74 页。

〔4〕　租税国概念由奥地利社会学家 Goldscheid 提出，经奥地利经济学家 Schumpeter 发展，详细内涵可参见葛克昌：《租税国家界限》，载刘剑文主编：《财税法论丛》（第 9 卷），法律出版社 2007 年版，第 71 页。

〔5〕　葛克昌：《租税国家界限》，载刘剑文主编：《财税法论丛》（第 9 卷），法律出版社 2007 年版，第 71 页。

以为国家提供必要的财政收入，满足国家运转和公共任务的基本需求。国家的运转离不开必要的财政支持，而与国家亲自从事经济活动等方式相比，向公民征税获得财政收入的方式对人民而言是牺牲最小的方式。[1] 在一个租税国家，国家的财政收入应当主要来自税收，其他收入只能发挥辅助作用，不得从根本上改变以税收收入为主的财政收入格局。

我国宪法规定，中华人民共和国公民有依法纳税的义务，在宪法层面确立了公民以纳税方式为国家提供财政收入的租税国原则。作为宪法原则的租税国原则为国家获得财政收入的行为方式设定了宪法边界，[2] 国家依靠征税获得主要收入是符合租税国原则的汲取财政收入方式，通过其他方式汲取财政收入必须受到租税国原则的限制，税收以外的其他收入不得超出必要的限度。

按照《预算法》的规定，一般公共预算收入是以税收为主体的财政收入，包括各项税收收入、行政事业性收费收入、国有资源（资产）有偿使用收入、转移性收入和其他收入。[3] 至于以举债方式获得的收入，则只能限于"中央一般公共预算中必需的部分资金"，而且应当"控制适当的规模，保持合理的结构"。可见，预算法关于财政收入构成的规定也与租税国家一致，应当以税收收入为主，其他收入为辅，以举债方式取得财政收入应当受到必要的限制。如果财政收入中的公债比重过大，将会与租税国原则的内涵相违背。

3. 代际平等问题

政府的举债行为在经济学、政治学、法学等学科范畴内都存在一定的争议，各个学科的争议焦点各有不同。在法学领域内，政府举债争议最大的是涉及几代人民之间的平等问题。平等不仅存在于同一代人之间，也存在于不同的几代人之间，比如替后代作出与其利益需求不相符的选择，让后代承担他人代为决定的后果。在举债问题上，"代"指的是每一届代议机关的期限，不同于生理意义上的代际。[4] 政府举债的债务本金和利息往往需要由未来

---

〔1〕 Joseph Alois Schumpeter, Die Krise des Steuerstaats, 1918. Neudruck in: Goldscheid-Schumpeters' Die Finanzkrise des Steuerstaats, 1976, S. 329~379.

〔2〕 陈征:《国家举借债务的宪法界限》，载《政治与法律》2020 年第 10 期，第 78 页。

〔3〕 《预算法》第 27 条第 1 款。

〔4〕 Wolfgang Kahl, Einleitung: Nachhaltigkeit als Verbundbegriff, in: ders. (Hrsg.), Nachhaltigkeit als Verbundbegriff, 2008, S. 7.

几代纳税人偿还，而举债获得财政收入往往用于满足当代纳税人的需求。当代纳税人也需要以其税款为前一代甚至前几代举借的债务偿还本金和利息，导致当代纳税人缴纳的税款中可用于财政支出的比例降低，为了弥补实际用于财政支出的缺损，当代政府继续举债，并将自己为前人承担的债务偿还负担变本加厉地转嫁给后人。国家举借债务的行为挑战了公共财政"谁使用谁付费"的原则。[1]

为了满足日益扩张的公共任务需求，政府总是有扩大财政支出的倾向。扩大化的财政支出只能通过增加财政收入来支持，而公民对税负痛苦指数的感知是非常直接的，增加纳税人的税收负担会直接降低公民对政府的满意度。较之于税收的增加，通过举债满足财政支出需求无论对当代公民而言，还是对本届政府而言，都是皆大欢喜的方式。既可以满足扩大的财政支出需求，为当代公民提供更好的公共服务，又无需承担过多的税负。唯一不满的是未来的纳税人，而评价本届政府的是同时期的，而非未来的人民，政府还可以获得美名。

"民主的核心是自治原则"，[2]民主国家的公民可以广泛参与政治决策，由公民自己决定与自身利益相关的事情。[3]在财政收支活动上，公民可以通过民主立法的方式自主决定将个人财产权的一部分让渡给国家，以换取国家在国防、安全、教育、医疗等方面提供的公共服务，并通过审批年度预算控制国家的年度财政支出，具体决定财政支出的用途，以确保税收取之于民、用之于民。预算的民主决策实质是人民自己决定来自自己的财产最终用于何处。民主决定的预算收入是来自人民的税收收入，民主决定的预算支出是与人民利益密切相关的公共事务和国家治理。与此不同，民主决定通过举借债务仅在预算支出一方面与作出决策的人民利益相关，在预算收入一侧则与未来的纳税人利益相关，债务的偿还往往需要未来的纳税人负担。民主决定举借债务实质上是当前的人民决定未来的人民收入的使用，不能完全符合

〔1〕　Hermann Puender, Staatsverschuldung, in: Isensee/Kirchhof（Hrsg.）, Handbuch des Staatsrechts der Bundesrepublik Deutschland, Band V, Re-chtsquellen, Organisation, Finanzen, 3 Aufl., 2007, § 123, Rn. 7.

〔2〕　蔡定剑：《民主是一种现代生活》，社会科学文献出版社 2010 年版，第 53 页。

〔3〕　朱大旗：《实现公共需要最大化》，载《中国改革》2010 年第 4 期，第 15~17 页。

民主原则的内涵。民主原则的自主决定不应当仅指决定能为自己带来好处的公共支出，也应当要求人民只能对来自于自己的权力进行决策。从这个意义上来看，通过举借债务获得财政收入的方式对传统的民主原则构成了挑战。正如布坎南所言："认为赤字无关紧要的论点是民主决策过程中具有危险性的谬论。如果政治家完全相信赤字是无关紧要的，他们简直不必依靠税收也可以尽情花费了。"[1] 符合宪法的民主原则既不得以牺牲少数人的利益为代价，也不得以牺牲后代人民的利益为代价。

在举债问题上，政府的自由空间来自预算的授权范围，限制政府的举债能动性必须限制代议机关批准的预算授权范围和精细化程度，对行政机关的权力控制在很大程度上可以转化为对代议机关预算授权的控制。限制政府在举债事务上的能动性本应由代议机关通过法律和预算来实现，但上述种种举债的民主难题使得在举债问题上不仅要限制政府的能动性，也需要控制当代人民预支未来纳税人收入的倾向。代议机关制定法律和决定预算时不能仅依靠简单多数决，而应当符合宪法租税国原则和代际平等的要求。为了使代议机关制定举债法律，批准举债预算受到明确的约束，一些国家采取了在宪法中明确设置举债上限的做法，如：德国《基本法》第 115 条第 2 款规定国家贷款不得超过名义国民生产总值的 0.35%。

（二）央地举债权力配置

在《预算法》修改前，地方政府预算赤字是被法律禁止的。而另一方面，2008 年全球金融危机，地方政府为了配合中央政府刺激经济增长的宏观经济政策，加大地方政府投资力度，通过各种未被法律规定的融资方式举借了大量债务，形成了较大规模的地方政府债务规模。在 2014 年《预算法》全面修改，重新规定地方政府举债规定之前，据审计署 2013 年对中央、31 个省、自治区、直辖市和五个计划单列市、391 个市、2778 个县、33091 个乡的政府性债务审计结果，截至 2013 年 6 月，地方政府负有偿还责任的债务总额达 108 859.17 亿元，负有担保责任的债务总额达 26 655.77 亿元，可

---

〔1〕 ［美］詹姆斯·M. 布坎南：《自由、市场和国家——20 世纪 80 年代的政治经济学》，吴良健、桑伍、曾获译，北京经济学院出版社 1988 年版，第 224 页。

能承担一定救助责任的债务总额达 43 393.72 亿元。[1] 而这些地方政府债务多数都未纳入预算管理范围，脱离国务院和本级人大监督。地方政府举债具有现实的合理需求，如果法律仍严格禁止地方政府举债，则会加剧地方政府的各种不合法融资现象。为了使地方政府债务管理规范化，最好的办法即是疏堵结合。"堵"指的是"明确对地方政府融资平台的态度，严格禁止地方政府用财政性资金偿还融资平台债务，严格禁止地方政府为融资平台提供直接或间接的担保"。[2] "疏"指的是"允许地方政府发行债券，满足其合理的财政需求"。[3] 从这个意义上来看，预算法的修改为地方政府举债规范化迈出了重要的一步。

按照 2014 年《预算法》第 35 条的规定，我国地方政府原则上不得举债，但同时为这一原则规定了例外，实行疏堵结合的地方政府举债管理。地方政府举债的唯一合法情形是该条第 2 款规定的情形，即"经国务院批准的省、自治区、直辖市的预算中必需的建设投资的部分资金，可以在国务院确定的限额内，通过发行地方政府债券举借债务的方式筹措。举借债务的规模，由国务院报全国人民代表大会或者全国人民代表大会常务委员会批准。省、自治区、直辖市依照国务院下达的限额举借的债务，列入本级预算调整方案，报本级人民代表大会常务委员会批准。举借的债务应当有偿还计划和稳定的偿还资金来源，只能用于公益性资本支出，不得用于经常性支出"。[4] 该款规定是 2014 年《预算法》修改后的新增条文，为原法规定地方政府不列赤字规定了例外情况，使地方政府依法举债成为可能，在主体、范围、方式、用途、管理监督等方面对地方政府举债提出了规范要求。地方政府举债的主体限于省、自治区、直辖市政府及政府部门，不包含企事业单位。下级地方政府需要举借债务的，由省、自治区、直辖市政府代为举借。举债范围限于

---

〔1〕 全国人大常委会法制工作委员会、全国人大常委会预算工作委员会、中华人民共和国财政部编：《中华人民共和国预算法释义》，中国财政经济出版社 2015 年版，第 74 页。

〔2〕 熊伟：《地方债与国家治理：基于法治财政的分析径路》，载《法学评论》2014 年第 2 期，第 66 页。

〔3〕 熊伟：《地方债与国家治理：基于法治财政的分析径路》，载《法学评论》2014 年第 2 期，第 66 页。

〔4〕 《预算法》第 35 条第 2 款。

预算中必需的建设投资的部分资金，且只能用于公益性资本支出的用途。举借方式只有发行地方政府债券这一种形式。地方政府举债必须经预算调整程序纳入本级预算接受管理和监督。

从预算法的规定可知，在地方政府举借债务事务中，国务院发挥着举足轻重的作用，地方政府举债的批准权和额度的确定权都由国务院掌握。虽然《预算法》规定"举借债务的规模，由国务院报全国人民代表大会或者全国人民代表大会常务委员会批准"，但是这一规定并未明确全国人大或全国人大常委会批准的方式是逐一批准还是打包批准。换言之，全国人大或全国人大常委会批准的对象是全国所有地方债务规模的总和，还是某一省级政府的举债规模，预算法的规定比较模糊。国务院制定《预算法实施条例》时，对这一比较模糊的法律规定作出了有利于行政权力的解释，《预算法实施条例》第44条规定"预算法第三十五条第二款所称举借债务的规模，是指各地方政府债务余额限额的总和"，将全国人大或其常委会批准的额度解释为全国各地方政府债务总限额。至于具体某一省级政府债务的限额则由国务院具体批准。《预算法实施条例》第43条第1款规定"地方政府债务余额实行限额管理。各省、自治区、直辖市的政府债务限额，由财政部在全国人民代表大会或者其常务委员会批准的总限额内，根据各地区债务风险、财力状况等因素，并考虑国家宏观调控政策等需要，提出方案报国务院批准"。据此，国务院可以将全国人大或其常委会确定的地方政府债务总限额在各地区之间进行分配，将各地举债额度的分配控制在行政系统内部，而使全国人大不能决定地方债务在区域间的分配，地方人大也只能在国务院确定的地方债额度内批准具体的举债方案。

至于中央政府举债，[1] 则需按照《预算法》第34条的规定，由全国人大批准债余额的限额，在债务余额不超过该限额的情况下，可以由国务院具体安排债务的发行和偿还。[2] 国债实行余额管理，只要保证债务余额总量不超限，预算法不限制国务院通过发行新债的方式偿还旧债和利息。国务院

---

〔1〕 中央政府举借的债务被称为国债。与之相应，地方政府举借的债务被称为地方债。

〔2〕 这里所说的"债务余额"指的是中央一般公共预算中举借债务未偿还的本金。参见《预算法实施条例》第42条。

每次具体举借债务无需再经过全国人大同意。

总而言之，按照当前的预算法律、法规的规定，在国债和地方债的管理职权分配上，全国人大负责批准国债余额的限额；全国人大或全国人大常委会批准省、自治区、直辖市的政府债务的总限额；财政部具体安排各省级政府债务限额分配方案，报国务院批准；地方政府在国务院批准的限额内通过预算调整方案安排举债，由本级人大常委会批准。

在中央债的问题上，全国人大仅负责批准国债余额上限，而不具体参与重点债务举借决定，国务院安排国债举借事务的能动性过大。国务院可以通过举借更多新债的方式偿还旧债和利息，人大并不评估国务院的偿债能力，即使不断发行新债时已经超出了实际的偿债能力，但仅从债务余额来看，依然符合人大的授权，而人大仅通过余额限制却无法真正控制债务风险。笔者建议，用于偿还旧债的新债发行应当经全国人大或全国人大常委会审批，让代议机关参与到重点国债的举借事务中，限缩国务院的能动空间，从而更好地维护纳税人利益。

不同于国债余额上限由全国人大确定，而地方政府债务额度上限却不是由本级人大确定，而是统一由国务院确定，即使地方认为具有更强的偿还能力，举借地方债也不得超过国务院为该地方确定的限额。将视线集中于某一特定省时，可以发现，对于该省的举债事务，无论是全国人大还是地方人大，均不能发挥实质作用。全国人大仅确定全国的地方债总限额，并不决定具体某个省的债务限额。地方人大仅能在国务院确定的地方债额度内批准具体的举债方案，不得自行决定举债范围。虽然从理论上讲，国务院确定的只是地方债的上限，在这个限度之内，具体举债数额仍由地方人大自行审批确定，然而，"在地方政府债务举借权严格受控的前提下，获得中央财政资金的转移配置和举债额度的分配是需要极力争取的"。[1] 实际上，地方政府的债务需求总是高于国务院确定的地方债上限，国务院批准的上限尚且难以满足地方的实际债务需求，地方往往倾向于最大化利用国

---

[1]　张婉苏：《地方政府举债层级化合理配置研究》，载《政治与法律》2017 年第 2 期，第93 页。

务院确定的债务额度，几乎不会在最高额度之下举债，国务院确定的地方政府债限额几乎就等同于地方政府的实际举债数额，地方人大的审批作用非常有限。

地方债的举借在很大程度上受国务院安排的限制，而地方债的偿还完全由地方政府负责，"地方政府对其举借的债务负有偿还责任，中央政府实行不救助原则"。[1] 可见，地方在债务举借和债务偿还上的权力和责任并不对等。按照一级政府一级预算的原则，在地方可承担的责任范围内，地方人大可以自主决定地方财政收支活动。地方财政自主权唯独在举债事务上存在例外，这是因为，我国虽然实行分税制，地方和中央的财政相对独立，但按照《宪法》第 3 条第 4 款规定的两个积极性原则，地方的主动性和积极性应当以中央统一领导为前提。地方政府举债对全国经济发展和财政安全意义重大，全国债务应当在全局上符合国家整体经济和社会发展策略，不适宜完全由地方自主决定。

地方政府举债应当以中央的统一领导为前提并不意味着地方债应当由国务院统一安排，尤其在各地债务限额的确定上，由国务院全权决定存在较明显的宪法问题。地方政府债务规模的确定权由国务院行使并非直接来源《预算法》的规定。《预算法》第 35 条仅规定"……举借债务的规模，由国务院报全国人民代表大会或者全国人民代表大会常务委员会批准……"该条的规定较为模糊，无法从中得出全国人大或全国人大常委会的批准对象是全国地方债总限额的结论。国务院根据《预算法》制定《预算法实施条例》时，需要对抽象的法律规定进行具体的解释。解释不确定的法律规定时，应当采取合宪性解释方式，不得采取有利于行政权但有违宪法的解释。

《预算法》第 35 条关于地方政府举债限额的确定权可能存在两种解释：其一，全国所有地方的举债总限额由全国人大或全国人大常委会批准，其二，每个省级地方的举债规模都要由全国人大或全国人大常委会批准。《预算法实施条例》显然采取了第一种解释，《预算法实施条例》由国务院制定，

---

[1] 国务院印发《关于加强地方政府性债务管理的意见》（国发［2014］43 号）。

而国务院根据第一种解释可以获得更大的地方债务管理权。然而，按照这种解释，国务院的行政权力将凌驾于地方人大的权力之上，地方人大只能在国务院确定的债务限额内批准地方政府举债额度，地方政府总是倾向于用尽所有能用的举债额度，即使人大具有预算修正权，也只能修正减少地方政府的实际举债，而不能修正增加，地方人大的预算审批权被国务院所限制。尤其是 2014 年国务院发布《关于加强地方政府性债务管理的意见》明确指出中央政府对地方政府举债实行不救助原则，国务院与地方政府债务也不存在以偿还责任为纽带的连接。[1]《预算法》第 35 条的第二种解释方案才是合宪性解释。国务院是最高国家权力机关的执行机关，并不能对地方国家权力机关行使行政权力，也不得变向通过行政权力的行使而限制地方国家权力机关行使地方权力。政府举债活动的特殊性使得举债不同于其他预算收支活动，各地方拥有有限的举债自主权，全国总体的举债规模和在各地方之间的举债额度分配需要全局统筹，全国人大作为最高国家权力机关，不仅需要确定全国总体地方债务限额，还应具体负责各地方政府举债限额的确定，不应将与责任能力不适当的债务管理权交由国务院行使。

二、财政转移支付的正当化

（一）财政转移支付的功能

财政转移支付，是指一个国家的各级政府之间在既定的事权、支出责任和税收划分框架下，为实现双向均衡而进行的财政资金的相互转移。财政转移支付制度以各级政府的财政能力存在差异为前提，以实现各地公共服务水平的均等化为宗旨，通过特定的程序、方法和规则调整政府间财政关系。[2]

---

〔1〕　有学者认为，如果地方政府拥有了相对独立的财政自主权，国务院无需为地方政府债券背书，债权人只能向发行债券的地方政府求偿，不能要求中央政府承担任何偿还责任，那么地方政府可以独立决定举债事宜；而在这些条件尚未具备时，鉴于中央对地方债券尚需承担最后付款人责任，国务院对地方债券发行施加限制也属情理之中。按照此学者的观点，地方债务自主权由地方偿债独立性决定，如果中央不为地方债务承担偿还责任，则国务院不应限制地方举债。参见熊伟：《地方债与国家治理：基于法治财政的分析径路》，载《法学评论》2014 年第 2 期，第66 页。

〔2〕　孙开、彭健：《财政管理体制创新研究》，中国社会科学出版社 2004 年版，第 38 页。

我国的财政转移支付仅有中央政府对地方政府的纵向转移支付，不存在地方同级政府之间直接的横向转移支付。我国的财政转移支付制度以分税制确定的税收收入在中央和地方之间的划分为基础。按照分税制确定的中央和地方对税收的分配关系，地方将一部分税收收入上缴中央，中央集中各地上缴的财政收入后，再进行统一分配。

财政转移支付最重要的功能有两点：其一是通过中央向各个地方的再次分配，调节各地区之间经济发展不均衡的横向公平意义；其二是通过分税制，将地方收入的多半汇集于中央，通过中央向地方的转移支付实现中央对地方宏观调控的纵向意义。

从横向意义来看，受诸多因素的影响，我国不同地区在财政收入能力和经济发展水平上存在较大差异，不同地区的公民所享受的教育、医疗、交通等公共产品和公共服务水平也存在一定差别，在较大程度上限制了不同地区公民的平等权利。2014 年修正的《预算法》和国务院发布的《关于改革和完善中央对地方转移支付制度的意见》（国发〔2014〕71 号）均明确提出，财政转移支付要"以推进地区间基本公共服务均等化为主要目标"。基本公共服务均等化的内涵是使不同地区的居民都能享受到大体相同的社会服务内容和相近的服务效果。

从纵向意义来看，在 1994 年实行分税制之前，自 1980 年开始实施的财政包干制（俗称"分灶吃饭"）经历了 1985 年和 1988 年两次变革后，分权趋势越来越明显。[1] 中央财政收入占全国财政收入的比重不断下降，中央财政难以为继，甚至一度不得不向"富裕"的地方政府借钱。1993 年中央财政赤字在总收入中的占比高达三分之一。[2] 宪法规定的两个积极性原则要求地方发挥主动性和积极性要以遵循中央统一领导为前提。财政包干制下的中央政府缺少统一领导国家财政工作的能力，严重威胁中央对地方的政治控制力和经济宏观调控力。在此危机之下，我国于 1994 年开始了分税制改革探索，对政府间财政关系作出了调整，中央政府重新集中大部分财政

---

〔1〕 周飞舟：《分税制十年：制度及其影响》，载《中国社会科学》2006 年第 6 期，第 101 页。

〔2〕 刘尚希：《分税制的是与非》，载《经济研究参考》2012 年第 7 期，第 21 页。

收入，[1]根据各地区财政收支状况和宏观调控政策的需要，将财政收入在各地区进行第二次分配，以实现各地区财力配置的相对均衡。政府间财政关系由分税制前的"收入分权，支出分权"双分权模式转变成了"收入集权，支出分权"模式。[2]分税制改革使中央政府在央地财政调控中的地位由被动变为主动，使中央真正开始拥有掌握财政宏观调控的权力。

（二）我国央地财政收入的分配现状

至于今日，分税制所矫正的央地财政收入不平衡的问题出现走向另一端的趋势，由包干责任制下中央政府财政收入不足的问题发展成分税制下地方政府财政收入不足的现状。财权向上集中，而公共服务、社会管理的义务和责任逐级下放，对于本已捉襟见肘的地方财政而言无异于雪上加霜。[3]地方财政收入有限，又不得不提供必要的公共产品和公共服务，采用预算外收入缓解地方财政难题，这也使得预算外收入问题成为上世纪末本世纪初最为严重的预算问题之一，从 2000 年至 2003 年的清理工作中发现的地方行政性收费项目高达四千多种，正在清理和尚未清理的事业性收费多达近万种。[4]

1994 年实行分税制是地方收支平衡状态发生变化的分水岭。在分税制实行以前，地方一般公共预算财政收入和支出基本持平。实行分税制后，地方财政收入开始变得不足以支持财政支出，需要依赖中央的转移支付。并且，自 1994 年至今，地方财政支出与财政收入的比例呈扩大化趋势，截至 2019 年，地方财政收入几乎仅能支持财政支出的一半，另一半地方财政支出都要依靠中央的财政转移支付。改革开放至今的中央和地方财政收支变化详见下表 5。

---

〔1〕 江庆：《分税制、转移支付与地方财政不均衡》，载《地方财政研究》2009 年第 7 期，第 38 页。

〔2〕 江庆：《分税制、转移支付与地方财政不均衡》，载《地方财政研究》2009 年第 7 期，第 38 页。

〔3〕 谷成：《财政分权与中国税制改革研究》，北京师范大学出版社 2012 年版，第 18~19 页。

〔4〕 周天勇、谷成：《中央与地方事务划分中的四大问题》，载《中国党政干部论坛》2007 年第 11 期，第 42 页。

表5　一般公共预算收支总额增长速度

年份	一般公共预算收入(亿元)	中央	地方	一般公共预算支出(亿元)	中央	地方	增长速度(%) 一般公共收入	一般公共预算支出
1978	1132.26	175.77	956.49	1122.09	532.12	589.97	29.5	33.0
1979	1146.38	231.34	915.04	1281.79	655.08	626.71	1.2	14.2
1980	1159.93	284.45	875.48	1228.83	666.81	562.02	1.2	-4.1
1981	1175.79	311.07	864.72	1138.41	625.65	512.76	1.4	-7.5
1982	1212.33	346.84	865.49	1229.98	651.81	578.17	3.1	8.0
1983	1366.95	490.01	876.94	1409.52	759.60	649.92	12.8	14.6
1984	1642.86	665.47	977.39	1701.02	893.33	807.69	20.2	20.7
1985	2004.82	769.63	1235.19	2004.25	795.25	1209.00	22.0	17.8
1986	2122.01	778.42	1343.59	2204.91	836.36	1368.55	5.8	10.0
1987	2199.35	736.29	1463.06	2262.18	845.63	1416.55	3.6	2.6
1988	2357.24	774.76	1582.48	2491.21	845.04	1646.17	7.2	10.1
1989	2664.90	822.52	1842.38	2823.78	888.77	1935.01	13.1	13.3
1990	2937.10	992.42	1944.68	3083.59	1004.47	2079.12	10.2	9.2
1991	3149.48	938.25	2211.23	3386.62	1090.81	2295.81	7.2	9.8
1992	3483.37	979.51	2503.86	3742.20	1170.44	2571.76	10.6	10.5
1993	4348.95	957.51	3391.44	4642.30	1312.06	3330.24	24.8	24.1
1994	5218.10	2906.50	2311.60	5792.62	1754.43	4038.19	20.0	24.8
1995	6242.20	3256.62	2985.58	6823.72	1995.39	4828.33	19.6	17.8
1996	7407.99	3661.07	3746.92	7937.55	2151.27	5786.28	18.7	16.3
1997	8651.14	4226.92	4424.22	9233.56	2532.50	6701.06	16.8	16.3
1998	9875.95	4892.00	4983.95	10798.18	3125.60	7672.58	14.2	16.9
1999	11444.08	5849.21	5594.87	13187.67	4152.33	9035.34	15.9	22.1
2000	13395.23	6989.17	6406.06	15886.50	5519.85	10366.65	17.0	20.5
2001	16386.04	8582.74	7803.30	18902.58	5768.02	13134.56	22.3	19.0
2002	18903.64	10388.64	8515.00	22053.15	6771.70	15281.45	15.4	16.7
2003	21715.25	11865.27	9849.98	24649.95	7420.10	17229.85	14.9	11.8
2004	26396.47	14503.10	11893.37	28486.89	7894.08	20592.81	21.6	15.6
2005	31649.29	16548.53	15100.76	33930.28	8775.97	25154.31	19.9	19.1
2006	38760.20	20456.62	18303.58	40422.73	9991.40	30431.33	22.5	19.1
2007	51321.78	27749.16	23572.62	49781.35	11442.06	38339.29	32.4	23.2
2008	61330.35	32680.56	28649.79	62592.66	13344.17	49248.49	19.5	25.7
2009	68518.30	35915.71	32602.59	76299.93	15255.79	61044.14	11.7	21.9
2010	83101.51	42488.47	40613.04	89874.16	15989.73	73884.43	21.3	17.8
2011	103874.43	51327.32	52547.11	109247.79	16514.11	92733.68	25.0	21.6
2012	117253.52	56175.23	61078.29	125952.97	18764.63	107188.34	12.9	15.3
2013	129209.64	60198.48	69011.16	140212.10	20471.76	119740.34	10.2	11.3
2014	140370.03	64493.45	75876.58	151785.56	22570.07	129215.49	8.6	8.3
2015	152269.23	69267.19	83002.04	175877.77	25542.15	150335.62	5.8	13.2
2016	159604.97	72365.62	87239.35	187755.21	27403.85	160351.36	4.5	6.3
2017	172592.77	81123.36	91469.41	203085.49	29857.15	173228.34	7.4	7.6
2018	183359.84	85456.46	97903.38	220904.13	32707.81	188196.32	6.2	8.7
2019	190390.08	89309.47	101080.61	238858.37	35115.15	203743.22	3.8	8.1

资料来源：《中国统计年鉴2020》。

　　当前的一般公共收入项目分配已经非常集中于中央。[1]从各项税种的实

[1]　中央一般公共预算收入项目包括：关税，进口货物增值税和消费税，出口货物退增值税和消费税，国内消费税，铁道部门、各银行总行、各保险公司总公司等集中缴纳的城市维护建设税，增值税50%部分，纳入共享范围的企业所得税60%部分，未纳入共享范围的中央企业所得税、中央企业上交的利润，个人所得税60%部分，车辆购置税，船舶吨税，证券交易印花税，海洋石油资源税，中央非税收入等。地方一般公共预算收入包括：城市维护建设税（不含铁道部门、各银行总行、各保险公司总公司集中缴纳的部分），房产税，城镇土地使用税，土地增值税，车船税，耕地占用税，契税，烟叶税，印花税（不含证券交易印花税），增值税50%部分，纳入共享范围的企业所得税40%部分，个人所得税40%部分，海洋石油资源税以外的其他资源税，地方非税收入等。参见《财政》，载国家统计局网：http://www.stats.gov.cn/tjsj/zbjs/201912/t20191202_1713054.html，最后访问日期：2020年5月15日。

际税收收入情况可见，在央地一般公共预算收入项目的分配中，耕地占用税、契税、烟叶税等地方专享税的税收额度往往较低，而国内消费税、进口货物增值税和消费税等中央专享税的税收额度往往较高。央地共享税的分享比例也是中央高而地方低。2019 年中央和地方一般公共预算主要收入项目的数额统计如表 6 所示。

表 6　中央和地方一般公共预算主要收入项目（2019 年）

单位：亿元

项　目	一般公共预算收入	中央	地方
合计	190390.08	89309.47	101080.61
税收收入	158000.46	81020.33	76980.13
国内增值税	62347.36	31160.46	31186.90
国内消费税	12564.44	12564.44	
进口货物增值税	15123.49	15123.49	
进口消费品消费税	688.85	688.85	
出口货物退增值税	-16480.76	-16480.76	
出口消费品退消费税	-22.43	-22.43	
企业所得税	37303.77	23786.02	13517.75
个人所得税	10388.53	6234.19	4154.34
资源税	1821.64	53.12	1768.52
城市维护建设税	4820.57	206.13	4614.44
房产税	2988.43		2988.43
印花税	2462.96	1229.38	1233.58
其中：证券交易印花税	1229.38	1229.38	
城镇土地使用税	2195.41		2195.41
土地增值税	6465.14		6465.14
车船税	880.95		880.95
船舶吨税	50.26	50.26	
车辆购置税	3498.26	3498.26	
关税	2889.13	2889.13	
耕地占用税	1389.84		1389.84
契税	6212.86		6212.86
烟叶税	111.03		111.03
环境保护税	221.16		221.16
其他税收收入	79.57	39.79	39.78
非税收入	32389.62	8289.14	24100.48
专项收入	7134.16	284.23	6849.93
行政事业性收费收入	3888.07	404.69	3483.38
罚没收入	3062.09	132.78	2929.31
国有资本经营收入	7720.52	6659.03	1061.49
国有资源(资产)有偿使用收入	8061.01	717.00	7344.01
其他收入	2523.77	91.41	2432.36

资料来源：《中国统计年鉴 2020》。

（三）财政转移支付的问题根源

中央本级创造的财政收入非常有限，中央向地方财政转移支付的完成必须以地方与中央分享财政收入为前提。央地财政收入分享制度的设计应当符合宪法的两个积极性原则，即"遵循在中央的统一领导下，充分发挥地方的主动性、积极性的原则"。在宪法的两个积极性原则的内涵中，中央的统一领导是前提，地方充分发挥主动性和积极性是落脚点。在国家机构和制度的设计上，两个积极性原则的前提和落脚点应当兼顾，不能顾此失彼。分税制改革是我国央地财政关系改革进程中的重要进步，使央地财政收入分配规范化，避免每年随时变动的不确定性，也有效减少了中央和地方就财政收入分配"讨价还价"的尴尬问题。至于今日出现地方财政主动性和积极性不足的问题，其根源在于分税制的规范效力级别较低，分税制具体内容的正当性有待确认等深层原因。

1. 分税制规范效力级别低

分税制自1994年实行至今已有近三十年，财政收支划分的依据仍然是1993年国务院发布的《关于实行分税制财政管理体制的决定》（国发〔1993〕85号）。2001年国务院发布的《关于印发所得税收入分享改革方案的通知》（国发〔2001〕37号）在1993年确定的分税制财政收入划分基础上，对央地共享所得税比例进行了重新分配，进一步扩大了中央的分享比例。国务院1993年和2002年发布的这两个文件是我国央地财政收入划分的主要依据，而这两个文件的效力级别仅是国务院规范性文件，甚至不是行政法规或部门规章。尽管2000年制定通过的《立法法》已经将财政基本制度明确规定为只能由全国人大及其常委会制定法律的法律保留事项，[1]至于今日，央地财政收入划分依然没有法律作出的规范指引。

法律的缺位导致国务院在央地财政收入分配和央地财政转移支付活动中的权力范围过大且行政权力行使不受约束。《预算法》中，关于分税制的规定仅有第15条"国家实行中央和地方分税制。"这一条文完全沿用了1994

---

〔1〕《立法法》（2000年）第8条规定："下列事项只能制定法律：……（八）基本经济制度以及财政、海关、金融和外贸的基本制度；……"

年旧法中的表述。《预算法》未对分税制的主要原则和基本内涵作出规定，而是将分税制和转移支付的具体规定权概括授权给国务院，第 29 条规定："中央预算与地方预算有关收入和支出项目的划分、地方向中央上解收入、中央对地方税收返还或者转移支付的具体办法，由国务院规定，报全国人民代表大会常务委员会备案。"

《立法法》是法律制定、修改和废止的规范依据，对于《立法法》规定的法律保留事项，立法机关应当及时制定法律。中央与地方的财政分配关系无疑是财政基本制度的重要内涵之一，按照《立法法》第 11 条的要求，应当由立法机关而非行政机关制定法律进行规定。对于《立法法》第 11 条规定的法律保留事项，第 12 条和第 13 条作出了特殊情形下的例外规定。第 12 条规定："本法第十一条规定的事项尚未制定法律的，全国人民代表大会及其常务委员会有权作出决定，授权国务院可以根据实际需要，对其中的部分事项先制定行政法规，但是有关犯罪和刑罚、对公民政治权利的剥夺和限制人身自由的强制措施和处罚、司法制度等事项除外。"央地财政收入划分与转移支付并不涉及犯罪和刑罚、对公民政治权利的剥夺和限制人身自由的强制措施和处罚、司法制度等事项，全国人大及其常委会可以根据情况暂时授权国务院制定央地财政收入划分与转移支付的办法。

然而，属于法律保留事项而授权国务院制定法规的，同时需要受到《立法法》第 13 条的限制。根据该法第 13 条第 1 款关于授权明确性的规定："授权决定应当明确授权的目的、事项、范围、期限以及被授权机关实施授权决定应当遵循的原则等"，立法者将本该由《预算法》亲自规定的中央与地方的财政分配关系，授权给行政机关制定具体办法时，应当清楚地规定授权行政机关制定"中央预算与地方预算有关收入和支出项目的划分、地方向中央上解收入、中央对地方税收返还或者转移支付的具体办法"的目的、期限、原则等，使授权具有具体性，避免对行政机关的空白授权。授权明确性的目的在于，中央与地方的财政分配关系本就属于应当专门制定法律的法律保留事项，如果立法机关实在不具备立法条件，由行政机关代为制定的具体办法应当与立法机关亲自制定的法律在内容上具有一致性，不得与立法目的相悖。尤其是在授权立法事项的主要方面，行政机关依授权立法应当完全符合立法者原意。而立法者的原意应当明确体现在授权要求中，不得由行政机关自行理解甚至以行政机关的利益导向替代立法者的原意。

根据《立法法》第 13 条第 2 款关于授权期限的规定："授权的期限不得超过五年，但是授权决定另有规定的除外。"对于法律保留的事项，立法授权行政机关代为制定的，应当符合授权期限的要求。立法授权不得是长期的、空泛的，而应当是具有实际约束力的。立法授权对行政机关的约束力不仅体现在第 13 条第 1 款关于授权内容的明确性要求上，也体现在授权的时间要求上。如果授权是无限期的，那么行政机关代替立法机关制定重要事项的规范的权力将在时间上得到无限延伸，行政权力不当扩张。行政机关制定的规范即使在内容上完全符合法律授权的要求，其民主合法性也不及立法机关制定的法律。立法授权的明确性要求毕竟只能使授权具有明确性，并不能使立法机关的全部立法意图都被行政机关知晓，行政机关代为立法的过程中依然存在较大的能动性。因此，在时间上对授权作出限制可以从另一方面限缩行政机关代为立法的权力空间，使立法机关具有更多立法和授权的主动权。《预算法》第 29 条关于中央与地方的财政分配关系不仅在授权内容上不具有明确性，在授权时间上也并未作出规定。授权时间的不明确直接导致国务院《关于实行分税制财政管理体制的决定》从自发布起至今的近三十年间持续具有效力，直接突破了《立法法》关于立法授权的时间限制。

根据《立法法》第 13 条第 3 款关于授权管理的规定："被授权机关应当在授权期限届满的六个月以前，向授权机关报告授权决定实施的情况，并提出是否需要制定有关法律的意见；需要继续授权的，可以提出相关意见，由全国人民代表大会及其常务委员会决定。"这一规定的存在可以使该条第 2 款授权期限的严格规定存在期限延长的例外。虽然这一条款的存在使得立法授权的时间在原则上可以延长，但这与立法授权期限本身不受限是截然不同的，延长授权期限需要通过民主合法化授权程序，全国人大及常委会的决定程序相当于再一次立法授权，补强了行政机关依授权代为立法的民主合法性欠缺。《预算法》对行政机关制定中央与地方的财政分配关系规范的授权尚且不存在授权期限的规定，更不符合本款对授权期限延长的情况。

综上，中央与地方的财政分配关系属于《立法法》规定的应当制定法律的事项,《预算法》第29条对行政机关的授权既不符合《立法法》第13条规定的授权明确性要求,也不符合授权的时间限制。立法对行政的空白授权使得行政机关在中央与地方的财政分配上权力过大。1993年国务院发布的《关于实行分税制财政管理体制的决定》本来只是应对财政包干制下中央财政困难的暂时性调整,立法程序较为复杂,时间周期较长,而行政手段的调节速度较快,在当时的情况下,由国务院进行中央与地方的财政重新分配具有一定的现实意义。然而这并不意味着国务院可以全权负责中央与地方的财政分配,而是应当在行政手段达到恢复中央财力之后,及时由立法将其规范化,由立法机关通过民主立法程序吸收行政手段中的合理措施,规避行政手段中的不适当措施,将基本财政制度法律化,避免行政机关在央地财政分配中的权力不当扩张。

2. 央地财政收支分配规定的正当性

中央与地方在财政收入和财政支出的分配上都不存在明确的法律规范,国务院主导的结果是中央与地方的财政关系由中央政府单方面调节,中央财政的逐渐强化,地方财政的逐渐弱化,宪法两个积极性原则的中央统一领导前提得到不断加强,而地方的积极性和主动性受财权小事权多的桎梏而难以实现。财政基本制度的规范权由行政机关收归立法已迫在眉睫。将中央与地方的财政分配权收归立法机关既是规范形式上的提升,也应是规范内容上的优化。具有宪法正当性的中央与地方的财政收支分配关系应当既能在实质上促进区域间的平衡,又能激发地方财政的活力。立法应科学界定央地财权与事权的范畴,使中央的财权和事权能够满足统一领导宏观调控的需要,地方的财权和事权也能够满足地方的积极性和主动性需求。

中央与地方的财政分配主要包含以税收为主的央地财政收入划分和以转移支付手段为主的央地财政平衡。税收收入在中央和地方之间的分配与中央对地方的财政转移支付是同一个问题的两个方面。税收收入分配向中央倾斜,则需要中央对地方进行更大程度的转移支付;税收收入分配向地方倾斜,则地方对中央转移支付的需求程度也会降低。转移支付是中央宏观调控全国经济,将各地不均衡的财政收入打破地域限制进行再次分配的重要手段。转移支付收入占地方收入的比重大小直接影响中央对地方的调控力度。

如果税收收入分配过度向地方倾斜，则会导致中央财政收入不足，影响中央对全国经济发展的整体调控。中央财政收入过低，则可用于向地方转移支付的资金非常有限，无法发挥财政转移支付制度促进区域间平衡的作用。包干责任制下的中央财政紧缺即属于收入分配过度向地方倾斜的情况。如果税收收入分配过度向中央倾斜，则会导致地方财政收入与财政支出需求之间存在巨大缺口，为了弥补这一缺口，地方则会严重依赖中央提供的财政转移支付，中央对地方财政的控制力也会因此变得过于强大，影响地方的财政自主性。理论上，转移支付比例越大，中央对地方的调控能力越强，地方区域间发展越平衡。然而，自实行分税制至今已有三十年，转移支付对区域平衡的实际效果仍存在较大争议。有学者通过实证研究得出结论："现行的转移支付制度在实现纵向平衡方面发挥了重要作用，而对于实现横向平衡则没有发挥应有的作用。"[1] 有学者着眼于人均财政收入进行分析，发现"分税制以来转移支付在缩小宏观与中观层次上的财力差距是具有明显作用的，从人均财政支出角度看，转移支付没有明显的效果，而从微观角度看，转移支付没有起到缩小县级人均财力差距的作用，反而起到相反的作用"[2]。有学者着眼于县级财政数据，经统计分析发现"上级财政转移支付不但没有起到均等县级财力的作用，反而拉大了财力差异，特别是在分税制改革后，转移支付造成了近一半的县级财力差异；专项补助和税收返还是非均等性最强的转移支付"[3]。中央的强调控并未能够在实际上发挥显著的区域平衡作用，这一事实应当得到充分重视，即便是为了区域平衡也不得使财权过度集中于中央。

综合以上两方面在历史上和现实中出现的问题，制定法律调节中央和地方的财政分配关系应当以宪法的两个积极性原则为指导，既不得不足，也不得过当。立法应当打破当前以国务院为中心的税收分配局面，重新划分中央

---

〔1〕 刘溶沧、焦国华：《地区间财政能力差异与转移支付制度创新》，载《财贸经济》2002 年第 6 期，第 11 页。

〔2〕 江庆：《分税制、转移支付与地方财政不均衡》，载《地方财政研究》2009 年第 7 期，第 38 页。

〔3〕 尹恒、康琳琳、王丽娟：《政府间转移支付的财力均等化效应——基于中国县级数据的研究》，载《管理世界》2007 年第 1 期，第 48 页。

税种和地方税种，并根据央地事权的划分，重新确定中央地方共享税的分享比例，地方财政收入中直接来源于税收分配的比例不得过低。近年来，地方财政支出中仅有近五成直接来源于地方财政收入，其余的部分都要依赖中央的财政转移支付，中央对地方的财政再次分配在很大程度上左右着地方财政的格局。

笔者认为，既然《预算法》将财政转移支付的目标确定为推进地区间基本公共服务均等化，那么在确定中央向地方的财政转移支付程度时，应当以这一目标为底线，中央向地方的转移支付应当起码能够实现地区间基本公共服务均等化，实现基本公共服务均等化的任务需要以多大比例进行二次分配，就将这一比例确定为转移支付的底线比例。在此基础上，如果宏观经济条件允许，可以通过民主机制商议中央对全国财政工作的统一领导，还可以在哪些方面进行以财政转移支付为手段的调控。财政转移支付的上限应当以保证地方财政的积极性和自主性为标准，转移支付所覆盖的地方财政支出占比不能过高，过度依赖中央必然会导致地方财政积极性和自主性的降低。区域间财政平衡不应只是通过大规模财政转移进行补助，使财力较弱的地区获得来自财力较强的地区收入的转移，而应培养财力较弱地区的财政自主能力，使之主动缩小与财力较强地区的差距。单纯从数量上调节不同地区的财政收入水平，对强财力地区和弱财力地区的长远发展都不利。中央为了实现大范围财政转移支付就必须使央地财政收入分配更加向中央集中，扩大中央和地方财政收入分配的比例。地方获得的财政收入比地方创造的税收少得多，那么财力较强的地区创造税收的动力也许会减弱，不利于经济长期稳定发展。而财力较弱的地区既然可以从中央获得高于本地自身财政收入水平的财政转移支付，则容易产生依赖心理，更加没有提高财政积极性和自主性的动力。正如有学者指出的："财力不均是财权分配不合理的结果。要彻底解决地方财政自主权的问题，还是应该夯实财权，而不是仅仅通过转移支付补充财力。"[1]

---

〔1〕　熊伟：《分税制模式下地方财政自主权研究》，载《政法论丛》2019 年第 1 期，第 67 页。

第三节　规范化的预算调整

一、预算调整的作用

人民代表大会的批准使预算成为具有法律约束力的规范文件，各级政府、各部门、各单位的所有支出必须以严格符合预算内容。然而，预算毕竟只是国家财政收支活动的事前计划，预算中的数据来源于对未来财政经济形势的预测和判断。由于经济形势改变、政治博弈持续、领导集团更迭、公众焦点转移等原因，事前预测的信息与执行中财政收支情况难以完全一致，[1]无法要求政府脱离财政实际情况而严格执行预算。而在另一方面，预算是国家权力机关向行政机关作出的财政收支授权，对行政机关的财政收支行为具有规范的约束力。"预算执行机关既应尊重预算立法者的议决结果，又得去适应不断变化的预算环境，这不免出现执行刚性与调整弹性间二元对峙之难题。"[2]

预算的核心功能在于控权。预算是人大控制行政权的载体，直接约束行政机关的财政收支行为，间接约束一切以国家财政为经费来源的行政行为。为了达到控权目的，政府的所有财政收支都必须体现在预算之中，经过人大审批方可执行。那么在人大审批通过预算后，经济形势变动超出预算编制时的预期，使预算不具备执行的现实可能性时，如果允许行政机关根据实际情况自行决定变更预算收支，则会让行政权力的行使超出人大的授权范围，因而不具备民主合法性。因此，在财政收支实情与预算预期不吻合的情况下，必须存在一种机制，能够根据实情局部变更已被批准的预算法案，为行政机关提供符合实情又具备民主合法性的财政行为依据。这种机制即是预算调整。预算调整的主要作用是调和预算的规范约束力与现实财政情况的变动性之间的"预算悖论"，使行政机关在预算执行过程中即使面对客观情况发生

---

〔1〕 ［美］爱伦·鲁宾：《公共预算中的政治：收入与支出，借贷与平衡》，叶娟丽等译，中国人民大学出版社 2001 年版，第 250 页。

〔2〕 胡明：《我国预算调整的规范构成及其运行模式》，载《法学》2014 年第 11 期，第 128 页。

变化，依然有财政收支行为的正当性依据。

预算调整与预算审批的发生时间不同，预算审批在一个预算年度内只能发生一次，即在人民代表大会举行会议之时；而预算调整发生于预算执行过程中，是针对"执行不能"的情况，对已经被审批通过的预算所做的调整。预算调整虽然可以根据实际情况变动的需求发生多次，但这并不意味着预算调整可以成为行政机关为了方便进行财政收支活动的一种常用手段。正如有学者所言：预算调整是由于"预算悖论"产生的，"不得不调整"才能属于预算调整，一切可以在初始预算过程解决的问题都不应纳入预算调整的范畴。[1]预算调整程序本应是维护预算的严肃性和约束力而存在，然而，不规范的预算调整程序反而会为政府不按预算要求开展财政收支活动创造可能性，进而损害预算的约束力。发生在预算执行过程中的预算调整在很大程度上决定着预算执行是否符合严格性原则。

二、预算调整的发起事由

在《预算法》修改前，1994 年《预算法》对预算调整的界定是："预算调整是指经全国人民代表大会批准的中央预算和经地方各级人民代表大会批准的本级预算，在执行中因特殊情况需要增加支出或者减少收入，使原批准的收支平衡的预算的总支出超过总收入，或者使原批准的预算中举借债务的数额增加的部分变更。"[2]据此，只有当原来平衡的预算出现赤字或者原来举借债务的规模被突破，才算是预算调整。旧法对于预算调整的范围界定过窄，导致实践中大量超收收入用于当年支出，却没有报本级人大（常委会）审批。预算执行中追加变更过多，严重影响了预算的严肃性。[3]这一问题在《预算法》修改后得以改善。2014 年《预算法》修改后，将原法第 53 条关于预算调整的界定修改为新法第 67 条，明确规定了预算执行中应当进行预算

---

〔1〕 冯素坤：《预算调整制度的演进与政府良治》，载《审计与经济研究》2017 年第 2 期，第 49 页。

〔2〕 1994 年《预算法》第 53 条。

〔3〕 全国人大常委会法制工作委员会、全国人大常委会预算工作委员会、中华人民共和国财政部编：《中华人民共和国预算法释义》，中国财政经济出版社 2015 年版，第 127~128 页。

调整的四种情况：（1）需要增加或者减少预算总支出的；（2）需要调入预算稳定调节基金的；（3）需要调减预算安排的重点支出数额的；（4）需要增加举借债务数额的。[1] 这四种情况是预算调整的充分必要条件：出现这四种情况之一时，必须进行预算调整；可以启动预算调整程序的情况仅有这四种，政府因为其他原因想要变更人大审批通过的预算的，不属于预算调整的范畴，不得启动预算调整程序。预算调整程序的启动应当以不得不调整为前提，政府不得出于其他行政管理目的而随意调整预算。《预算法》第68条规定："在预算执行中，各级政府一般不制定新的增加财政收入或者支出的政策和措施，也不制定减少财政收入的政策和措施；必须作出并需要进行预算调整的，应当在预算调整方案中作出安排。"该法条第一句规定强调了预算的稳定性，在一般情况下，预算执行应当与预算内容相符，各级政府不得随意决定变更财政收支。第二句规定了预算稳定性的唯一例外，即预算调整，"必须作出"强调了变更预算方案的严格性，"预算调整方案"是调整已被审批的预算的方式。较之于旧法对于预算调整过窄的规定，新法拓宽了预算调整事由的范围，使现实中发生的因经济客观情况变动导致预算变动可以在法律中找到合适的依据。

新法扩大了预算调整发起事由的范围，将预算调整的参照标准从以收支平衡为标准变为以经审批的预算为标准。[2] 虽然新法比旧法更具科学性，但是新法只修正了预算调整事由的范围，却未规定如何判断符合预算调整事由。

在新法规定的四种预算调整情况中，第二种和第四种情况的判断标准还比较明确，预算稳定调节基金在编制预算时即被包含在预算草案之中，预算

---

〔1〕 现行《预算法》第67条。

〔2〕 以是否影响收支平衡来界定，预算调整是指各级政府预算在经过本级人民代表大会审查批准后，因特殊原因需要在预算执行中减少收入或者增加支出，导致已审批的收支平衡的预算案在最后出现收支不等。这种标准强调的是以入定出、量财办事的预算管理原则，只要总收入与总支出在决算时是平衡的，那么执行过程中的收支规模、收支结构的变化都不纳入预算调整的范围。以是否偏离预算法案来界定，预算调整是指不考虑是否影响收支总量平衡，只考虑在预算执行中实际发生了收支规模或收支结构变化，导致最后的实际收支偏离原来批准的预算。参见李英：《预算调整研究：现状与未来》，载《江汉大学学报（社会科学版）》2016年第6期，第35~36页。

草案经批准后，预算稳定调节基金即可用于弥补以后年度预算资金的不足。在以后年度预算资金出现短缺的情况下，以调入预算稳定基金的方式弥补短缺，是有利于维护预算稳定性的、符合预算法的调节方式。需要增加举债数额的，在正式进行预算调整之前，需要先经国务院批准并确定举债限额，地方政府在国务院确定的限额提出增加举债的预算调整方案，而后才进入正式的预算调整程序。可见，增加举债而调整预算的情况，在预算调整前已经有较严格的程序性限制，预算调整的发起相对较为明确。

至于《预算法》规定的第一种和第三种预算调整情况，则很难根据预算法的抽象规定作出明确判断。法律并未规定达到何种程度才符合立法者认为的"需要"。这一法律规定的不确定性使得预算实践中的预算调整具有较大的任意性，地方政府根据行政需要，认为需要调增或调减时即发起预算调整程序。即使地方人大常委会在审查批准预算调整方案时充分尽责，可以从结构上控制预算调整的通过与否，却无法控制预算调整程序的发起。一旦政府发起预算调整程序，人大常委会必然要开展审批程序，即使是不符合预算调整情况的，本不应当提出的预算调整方案，也要占用人大常委会的审批资源。更何况在现实中，地方人大常委会能尽职尽责地行使审查批准义务并控制强势的政府进行预算调整的情况少之又少，政府提出的预算调整方案在绝大多数情况下都能得到批准通过。

由于法律对确须进行预算调整的情况的规定不够细致，现实中，预算调整的发起随意性较强，而人大常委会的履职情况和专业能力等问题使得预算调整方案被否决的概率极低。预算可以比较容易地调整，人大审批通过的预算的约束力也就受到相应的影响。预算调整的随意性直接影响了预算编制的准确性，现实中政府编制预算时，预算草案中的预算收入往往比实际估测的财政收入低，财政收入的指标安排"历来都是本着'留有余地'的原则确定的"[1]。

财政超收指的是一个预算年度内的实际财政收入超出预算收入的情况。基于对未来财政收入准确估测而编制的预算与实际财政收入之间的偏离属于客观财政超收，是预算本身的特性决定的，可以被预算包容的偏离。而出于其他主

---

〔1〕　高培勇：《关注预决算偏离度》，载《涉外税务》2008 年第 1 期，第 5~6 页。

观目的在编制预算时故意使预算草案中的预算收入低于估测的财政收入，因此导致的实际财政收入超出预算收入的部分属于主观财政超收。主观财政超收与预算的严肃性相悖，应当引起足够的重视。在我国，自分税制实行后，财政超收的情况愈演愈烈，2007 年最严重时，财政超收比例一度高达 16.43%。[1]

主观财政超收与政府追求的财政能动性的主观动机密不可分。计划财政收入指标的完成情况往往是政府业绩考核的重要指标，为了降低完成任务的难度，政府编制预算时自然倾向于低估财政计划收入。此外，实际财政收入超出预算收入指标可以为政府提供相对灵活的支出空间，不必受预算的约束，只要通过预算调整方案反映实际的预算收支变化即可。不仅如此，地方财政的超收收入还可以使地方政府拥有更大民生项目投资空间。在当前的分税制背景下，地方财力往往不足以支撑地方民生投资需求，而民生工程既是上级政府考核下级政府的重要标准，也是民众评价政府的最主要考量因素。民生工程可以同时为政府带来上级认可和群众称赞，地方政府自然会想办法创造可用于民生建设的财政收入。

主观财政超收之所以大范围存在，其直接原因是地方政府财权与事权不匹配，各级预算单位追求更大的财政自主空间等因素，而根本原因在于预算审批不严谨，未能在预算审查时及时发现预算草案编制的问题。同时，预算调整的随意性较强，发起预算调整往往不是出于经济等客观情况变化产生的"预算悖论"，而是出于一些其他的主观因素考虑。经人大审批的预算仍然约束力不足。甚至可以说，在预算调整发起事由不明确，预算调整程序启动约束力不足的情况下，很多预算草案中的预算收入就是为了调整而编制的。

针对上述问题，笔者建议《预算法》进一步明确发起预算调整的法定事由，减少不确定概念的使用，明确"必须"调整的判断标准。有学者建议将预算调整的事由严格限制于"客观不可能执行"的情况。[2] 笔者大体上认

---

〔1〕 王金秀、何志浩：《财政"超收"现象探析》，载《统计与决策》2009 年第 8 期，第 122 页。

〔2〕 预算调整的"客观不可能执行"的情况，如：（1）不可预测的突发事件，例如，经济不景气、自然灾害、特大安全事故、国防等；（2）法律规定的不得不在本财政年度履行的支出责任导致的新增支出，例如，养老金等社保支出；（3）年初预算通过立法机关审议之后出台的新法律导致的本财政年度内的新增支出。参见冯素坤：《预算调整制度的演进与政府良治》，载《审计与经济研究》2017 年第 2 期，第 54 页。

同该建议。此外，在现实中经常导致客观预算调整需要出现的情况还常常包括政策的变动。这种政策的变动既可能来自党和中央政府，也可能来自地方的上级政府。由于行政体系上级对下级的领导，新政策的出台往往需要下级政府较快作出反应，下级政府对新政策的反应速度和工作效率往往是其业绩考核的重要组成部分。而政策的变动往往会实际影响财政收支，如购房政策的变动会直接影响来自于房地产业的财政收入，宽松的货币政策会刺激消费，从而促进增值税等税收收入。由政策变动造成的财政收支实际情况与预算的偏离可以在一定程度上纳入预算调整，但较之于法律变更导致的财政收支情况变动，由政策导致的变动应当在预算调整方案中作出更加细致的说明，让人大常委会审查预算调整方案时能够充分了解发起预算调整的事由是否符合法律规定的"必须调整"的情况。

三、预算调整的程序控制

预算调整应当具有严肃性。这种严肃性首先表现为调整程序的严肃性。《预算法》修改前，法律并未规定预算调整的程序，只概括规定了预算调整方案的编制主体和审批主体。修改后的《预算法》第 69 条在原法第 54 条的基础上，增加了预算调整方案应当包含的内容、突发事件下先支出后调整的特殊情形、预算调整方案的初步审查程序等必要的细节，通过程序性规定保障预算调整的规范性。《预算法》第 70 条进一步强调了预算调整程序的严肃性和违反预算调整程序规定的法律责任："……未经本法第六十九条规定的程序，各级政府不得作出预算调整的决定。对违反前款规定作出的决定，本级人民代表大会、本级人民代表大会常务委员会或者上级政府应当责令其改变或者撤销。"[1]合理的程序对保障结果的正当性至关重要，艾伦·希克甚至断言："如果预算程序是合理的，那么其结果也是正确的。"[2]

按照新法的规定，预算调整程序应当首先由政府财政部门发起，编制预算调整方案，并在方案中说明预算调整的理由、项目和数额；而后，在本级

---

〔1〕《预算法》第 70 条。

〔2〕［美］艾伦·希克：《当代公共支出管理方法》，王卫星译，经济管理出版社 2000 年版，第 4 页。

人大常委会举行会议的 30 日前，将预算调整初步方案送交初步审查主体进行初步审查，预算调整方案的初步审查主体与预算草案的初步审查主体一致；最后，在本级人大常委会举行会议时，将预算调整方案提请本级人大常委会正式审查和批准。可见，预算调整方案的制定和审批程序在整体上与预算草案的制定和审批程序非常相似，都须经历"编制—初步审查—正式审批"三个步骤。这是因为预算调整方案与预算草案从本质上来说，都是对未来的财政收支活动的计划和安排，都是对行政机关开展财政活动的授权，发挥着对行政机关的财政收支行为的约束作用。

预算调整方案的编制不仅需要符合预算编制的规范性要求，还要符合预算调整的特殊要求，即必须说明预算调整的理由。预算调整的理由必须是符合法律规定的必须发起预算调整的必要理由，诚如前文所述。预算调整的理由是发起预算调整的前提，不符合预算调整法定事由的，不得进行预算调整。在现实中，一方面由于《预算法》对预算调整发起事由的规定不够具体，另一方面由于各级人大常委会审批预算调整方案不够严格，政府财政部门提出的预算调整理由往往都会被人大常委会认可。现实中经常出现并非为了应对事先无法预料的情势变化而进行预算调整的情况。常有 11 月份进行调整预算的情况发生，如 2014 年 11 月，湖北省和河北省分别发起了预算调整。预算调整也是对未来财政收支行为的安排，而 11 月已临近预算年度结束，难以开展很多新的财政活动，除非出现突发事件等不可抗力，年底调整预算很难具有符合预算调整必要性的理由。年末的预算调整往往是为了达到预算的形式要求，并非为了实际的调整需要。这种情况的频发，从另一个侧面反映了一些预算调整程序的随意性。

（一）初步审查程序

虽然《预算法》修改后规定了预算调整也应经过初步审查，但并未就初步审查如何与正式审批衔接作出规定。预算调整初步审查是否也与预算草案的初步审查一样，应当由初步审查主体提出初步审查意见？如果是，那么初步审查意见又应如何发挥作用，财政部门是否需要作出相应的处理，正式审批时如何采纳初步审查意见？这些关键性问题均未在法律中有所涉及。现实中，预算调整的初步审查具体程序和作用方式往往由各级人大或人大常委会自行制定规则，某些地方甚至完全不存在预算调整审批规则，进一步加剧了预算调整的随意性。

审批程序直接会影响到实质审批结果，无论是预算草案还是预算调整方案，都应当由《预算法》亲自作出关于审批程序的详细规定。预算调整方案的审批与预算草案的审批在程序上存在较多共性，但由于审批主体的不同，预算调整与预算发起事由的不同等因素，二者的程序设计也应存在适应各自需要的特性。

预算调整的特性首先即表现为发起事由的法定性。法律规定的预算调整理由不应仅限于财政部门的自我要求，还必须由审批主体对财政部门提出的预算调整理由进行合法性判断。财政部门将预算调整初步方案提交初步审查后，初步审查主体应当先审查预算调整理由是否达到必须发起预算调整的标准。这一标准应当在《预算法》中明确规定，而非由各级人大常委会自行把握。发起理由的审查属于预算调整的前置性审查程序，如果初步审查主体认为不符合法定的预算调整标准，则无须再进行实质审查。如果初步审查主体认为符合法定预算调整标准，则进入实质审查程序，对预算调整方案中的项目、数额等进行详细审查。对预算调整方案的实质审查与对预算草案的实质审查要求应当是相同的。

初步审查主体完成对预算调整方案的初步审查后，应当提出初步审查意见。财政部门应当根据初步审查意见及时进行处理，并将处理结果书面反馈给初步审查主体。初步审查主体可以根据情况决定是否提出新的审查意见。初步审查主体应当将初步审查意见、财政部门的处理情况以及财政部门处理后，初步审查主体的综合意见，在人大常委会开会正式审议预算调整方案时提交给本级人大常委会。

（二）正式审批程序

预算调整方案的初步审查意见对于正式审批的作用应当在法律中加以明确，当初步审查主体的意见与正式审批主体的意见出现不一致时，正式审批主体是否可以否定初步审查意见，仅以自己的意见为审批依据？预算调整方案的初步审查主体与正式审批主体的民主合法性关系使得这一问题不存在不言而喻的答案。预算调整方案的正式审批主体是本级人大常委会，初步审查主体主要是本级人大专门委员会。而预算草案的正式审批主体是本级人大，初步审查主体与预算调整方案的初步审查主体相同。不难发现，在预算草案和预算调整方案上，初步审查主体与正式审批主体的关系并不相同。预算草案的正式审批主体是本级国家权力机关，权力直接来自于本地区的人民，在决定包括预算事务在内的本级事务时具有最高的民主合法性。预算调整方案的正式审批主体是本级人大常委会，是本级人大的常设机构，人大常委会的组成人员由本级人大选举产生，[1]权力直接来源于本级人大，间接来源于本地区人民，因此人大常委会的民主合法性低于人大。预算调整方案和预算草案的初步审查主体完全相同，都是本级人大专门委员会或本级人大常委会或本级人大常委会有关工作机构。

对于预算草案而言，正式审查主体是本级人大，无论初步审查主体是本级人大专门委员会还是本级人大常委会，抑或是本级人大常委会有关工作机构，正式审批主体的民主合法性必然高于初步审查主体。当出现初步审查主体的意见与正式审批主体不一致的情况时，必然以正式审批主体的意见为准。

对于预算调整方案而言，则需要分情况进行分析：县、自治县、不设区的市、市辖区的预算调整初步方案由本级人大常委会有关工作机构提出意见。人大常委会工作机构由人大常委会产生，其民主合法性低于人大常委会。当人大常委会有关工作机构对于预算调整初步方案的意见与正式审批主体——人大常委会的意见不同时，应当以人大常委会的意见为准。

设区的市、自治州的预算调整初步方案的初步审查主体可能是本级人大有关专门委员会，也可能是本级人大常委会有关工作机构。如果是送交本级人大常委会有关工作机构征求意见，则发生初步审查主体与正式审批主体意见不一致的情况时，与县级的情况相同，都是应当以人大常委会的意见为准。如果初步审查主体是本级人大专门委员会，则需要进一步分析人大专门委员会与人大常委会的意见不一致时，应当如何处理。人大专门委员会由人大直接产生，人大常委会同样由人大直接产生，二者的民主合法性层级相

---

[1] 《宪法》第67条、第103条。

同。而人大专门委员会属于人大的一部分，人大常委会相对于人大具有更高的独立性，从这个角度看，似乎人大专门委员会的意见更应当被尊重。然而，《宪法》第70条规定："……在全国人民代表大会闭会期间，各专门委员会受全国人民代表大会常务委员会的领导。各专门委员会在全国人民代表大会和全国人民代表大会常务委员会领导下，研究、审议和拟订有关议案。"可见，宪法对专门委员会和人大常委会之间可能存在的意见冲突作出了解答。宪法规定人大和人大常委会对专门委员会的领导采用了并列的句式，说明在人大闭会期间，人大常委会对人大专门委员会的领导，与人大开会期间，人大对专门委员会的领导是同样的。因此，在人大闭会期间，审议预算调整方案时，如果人大常委会与人大专门委员会的意见存在冲突，应当以人大常委会的正式审批意见为准。但这并不意味着人大专门委员会的初步审查意见可以完全不被人大常委会重视，毕竟专门委员会在预算专业知识水平上更胜一筹，其提出的初步审查意见即使不完全被人大常委会采纳，也应当尊重专门委员会在专业方面作出的评价和判断。

此外，人大常委会是常设机构，由人大常委会负责审批的预算调整方案更应具备公民参与的条件。如前所述，预算调整方案的审批与预算草案的审批一样重要，公民了解和参与预算调整本应属于预算民主的重要组成。当前《预算法》并没有规定任何预算调整中的公民参与可能性。在第22条关于预算草案的初步审批规定中，《预算法》规定了"设区的市、自治州以上各级人民代表大会有关专门委员会进行初步审查、常务委员会有关工作机构研究提出意见时，应当邀请本级人民代表大会代表参加"，[1] 而在法条结构相似的第69条关于预算调整初步方案的初步审查规定中，却完全未涉及代表和群众的参与。从《预算法》对预算和预算调整方案初步审查的区别规定，似乎可以看出立法者对预算调整的重视程度还远不及预算，这也在很大程度上导致了预算调整的规范性不及预算的现实问题。

（三）预算调整方案的效力

预算调整的严肃性不仅体现在调整的过程，也体现为预算调整结果的法

---

〔1〕《预算法》第22条第5款。

律效力。《预算法》第 70 条第 1 款规定："经批准的预算调整方案，各级政府应当严格执行。……"预算调整方案经批准后，则与人民代表大会批准的预算一样，都是财政收支行为的依据，必须被政府严格执行。虽然预算调整仅局限于必须调整的部分财政收支事项，而预算审批的对象是整个预算年度内的所有财政收支行为，预算调整在内容范围上不及预算审批，但这并不意味着预算调整结果的严肃性低于预算审批。因为从本质上来说，预算调整和预算审批的对象都是新的财政收支计划，经批准的预算调整方案和预算在约束行政机关开展财政收支活动上具有相同的法律效力。然而，事实上，预算调整方案对政府的约束力远不及预算。

预算调整的规范化应当以完善《预算法》的相关规定为起点，从源头上合理界定预算调整的范围，规范预算调整从发起到审批再到执行的全部程序，明确预算调整方案通过后的法律效力和不严格执行预算调整方案的法律责任。同时，还应当从技术上结合实际情况，设置预算调整的次数限制[1]、科目限制[2]、总额限制[3]等细节方面的限制，从法律规定上保障预算调整与预算具有同样的严肃性和约束力。

---

〔1〕 徐曙娜：《谈〈预算法（修订草案）〉中"预算调整"的相关规定》，载《上海财经大学学报》2008 年第 3 期，第 59 页。

〔2〕 蒋悟真：《中国预算法实施的现实路径》，载《中国社会科学》2014 年第 9 期，第 132 页。

〔3〕 冯素坤：《预算调整制度的演进与政府良治》，载《审计与经济研究》2017 年第 2 期，第 53 页。

第六章

预算人大监督与审计监督

监督财政预算是监督公权力运行的有效方式，审计机关和人民代表大会是两个最主要的预算监督主体。审计监督和人大监督均为党和国家监督体系的重要组成部分，监督机制的体系化改革要求加强二者的工作联系。衔接机制的完善应当以"受托责任"为出发点，增强审计机关的独立性，提高人大的预算监督能力，让审计机关为人大服务的定位更清晰、渠道更畅通。增强审计机关的独立性与强化人大的预算监督职权具有一致性。完善审计监督与人大预算监督的衔接机制应当分别从人大组织工作制度与审计机关管理体制两方面进行改革。在人民代表大会方面，建议在人大常委会预算工作委员会内部组建审计工作小组，聘任专职的高水平审计人才，并优化人大常委会对接审计机关的工作机制。在审计机关方面，建立负责制与隶属关系相分离的审计体制。审计机关依然隶属于政府，接受政府的行政管理，但与审计业务相关的工作直接向人大负责，既不违背宪法，又能满足改革需求。

第一节　审计机关与人大的工作关系发展历史

根据我国《宪法》和《预算法》等法律的规定，全国人民代表大会、地方各级人民代表大会及其常务委员会和各级审计机关承担着预算监督的职责。[1] 审计机关设于各级人民政府内部，对本级人民政府和上一级审计机关负责。宪法和法律规定审计监督权的行使相对独立，不受其他行政机关、

---

〔1〕《宪法》第 62 条、第 67 条、第 91 条、第 109 条；《预算法》第 83 条、第 89 条。

社会团体和个人的干涉，[1]尽管如此，审计机关隶属于政府的机构设置方式依然使得其独立性问题成为审计工作多年以来最突出的问题。[2]

事实上，将审计机关设于政府内部而非设于人大的历史决定，并非不存在争议。在1982年《宪法》的制定过程中，一个重要问题即是审计机关设于何处。当时，不少省、国务院部委和宪法修改委员会委员都认为将审计机关设于全国人大常委会之下是最合适的，审计机关隶属于国务院会出现行政机关自己审自己的问题。然而，当时我国社会主义市场经济还未正式确立，人大制度也尚不成熟，无法有效行使全部职权，包括财政权力在内的人大的诸多权力实际上处于虚置的状态。[3]因此，当时主持宪法修改工作的彭真同志认为，刚刚恢复重建的全国人大，精力有限，应当先集中于立法工作，审计工作比较复杂，会分散全国人大用于立法的精力。因此，全国人大在制度尚不健全的情况下不宜亲自负责审计工作。[4]为了保证人大的核心立法工作能顺利展开，可以考虑暂时将审计等本应由人大主导的工作交由其他机关处理。

除了保障人大立法工作的考虑外，将审计机关设于国务院也有审计工作专业性的考虑。当时的我国并没有审计工作经验，而熟悉被监督单位的财政活动是做好审计工作的基本条件，[5]由人大直接领导审计机关，将会导致审计工作的初期部署很难推进。国务院满足审计工作的资源较为充足，将审计机关隶属于国务院的机构设置有利于审计工作的顺利。基于时情的限制和尽快推进审计工作的目的，经反复考虑后，决定将暂时由国务院领导审计工作。这一决定最终规定于1982年《宪法》之中，第91条规定："国务院设立审计机关，对国务院各部门和地方各级政府的财政收支，对国家的财政金融机构和企业事业组织的财务收支，进行审计监督。审计机关在国务院总理

---

〔1〕《宪法》第91条第2款，《审计法》第5条。

〔2〕杨肃昌：《中国国家审计：问题与改革》，中国财政经济出版社2004年版，第33页。

〔3〕杨肃昌：《中国国家审计：问题与改革》，中国财政经济出版社2004年版，第79~80页。

〔4〕参加1982年《宪法》起草的同志访谈。参见蔡定剑：《宪法精解》，法律出版社2006年版，第393页。

〔5〕蔡定剑：《宪法精解》，法律出版社2006年版，第393页。

领导下，依照法律规定独立行使审计监督权，不受其他行政机关、社会团体和个人的干涉。"虽然审计机关隶属于国务院被规定于宪法之中，但这种决定并不是基于审计工作的应然模式所作出的，而是迫于现实情况限制的暂行办法。

我国的审计机关于 1982 年《宪法》通过后的次年正式成立，国务院和地方各级政府设立审计机关。审计工作从此正式起步。1983 年审计机关的最初设立直接来源宪法的要求，在宪法颁布后的十余年间，并不存在审计法律，审计工作在较长时间内都没有规范法律文件指引和约束。在成立审计机关的五年后，即 1988 年，国务院制定了审计工作的第一个规范性文件——《审计条例》。[1]《审计条例》的发布对全国审计工作的规范开展具有从无到有的重要意义。然而，《审计条例》的规范范围限于审计机关内部的审计工作，并未涉及人大与审计机关的工作联系。人大与审计机关的工作联系离不开人大组织制度和工作制度安排，而《审计条例》的制定主体是国务院，国务院无权对人大组织制度和工作制度进行安排。因此，审计机关与人大的工作联系只能由法律进行规定。在法律缺位的情况下，必然不存在指导审计机关与人大工作联系的规范。在 1994 年《审计法》和《预算法》实施前，审计机关已经成立了 12 年，政府却从未正式向人大报告过审计工作。

1994 年《审计法》和《预算法》的实施扭转了审计工作与人大关系疏远的局面。1994 年《审计法》第 4 条明确规定："国务院和县级以上地方人民政府应当每年向本级人民代表大会常务委员会提出审计机关对预算执行和其他财政收支的审计工作报告。"1996 年，在《审计法》的要求下，审计署向全国人大常委会第一次作关于中央预算执行和其他财政收支的审计工作报告，这是审计机关与人大在审计工作上的第一次实质联动。但此时的审计报告对问题的表述是"温和的""笼统的"，审计工作中发现的问题并没有完全如实向人大常委会报告。国务院时任总理朱镕基同志针对这一问题，向审计署批示"这次要把问题如实向人大常委会报告，向人民反映"。因此，时

---

[1]　1988 年《审计条例》对审计机关设置及工作人员、审计机关的主要任务、主要职权、工作程序、内部审计、社会审计和法律责任等方面作出了相关规定。

任审计长的李金华同志向第九届全国人大常委会报告 1998 年中央预算执行和其他财政收支审计情况的审计工作报告一改以往的温和措辞，直接披露了中央和各地、各部门的预算执行中存在的具体问题 。[1] 1999 年，全国人大常委会通过的《关于加强中央预算审查监督的决定》对审计部门提出了"真实""合法""效益"等要求，并强调了人大常委会对审计工作报告的监督和决议等职能，有力推动了人大的预算监督工作。

2006 年《审计法》的修改，细化了审计机关向人大常委会作出审计工作报告制度，增加了人大常委会对审计工作报告的决议权和政府对审计查出问题的纠正和处理责任。[2] 除《审计法》对审计机关与人大的工作联动规定之外，2006 年，《各级人民代表大会常务委员会监督法》正式通过。"审查和批准决算，听取和审议国民经济和社会发展计划、预算的执行情况报告，听取和审议审计工作报告"是全国和地方各级人大常委会的重要职权之一，《各级人民代表大会常务委员会监督法》用专门一章对相关监督工作作出了较为详细的规定。立法的完善使得人大常委会与审计机关的工作联动更加顺畅，人大预算监督职能得到进一步扩展，审计机关与人大的关系开始变得明朗起来。[3]

时至今日，我国市场经济体制改革和公共财政制度改革成效显著，社会主义民主政治稳步发展，人大组织制度和工作制度渐趋完善，人大监督能力明显提高。2011 年，中国特色社会主义法律体系基本形成，人大的工作重心可以不再全部集中于立法工作。党中央多次强调要加强人大的预算决算监督职能，2012 年党的十八大报告指出："支持人大及其常委会充分发挥国家权力机关作用……加强对'一府两院'的监督，加强对政府全口径预算决算的

---

[1] 杨肃昌：《中国国家审计：问题与改革》，中国财政经济出版社 2004 年版，第 81~82 页。

[2] 原《审计法》第 4 条被修改为："国务院和县级以上地方人民政府应当每年向本级人民代表大会常务委员会提出审计机关对预算执行和其他财政收支的审计工作报告。审计工作报告应当重点报告对预算执行的审计情况。必要时，人民代表大会常务委员会可以对审计工作报告作出决议。国务院和县级以上地方人民政府应当将审计工作报告中指出的问题的纠正情况和处理结果向本级人民代表大会常务委员会报告。"

[3] 陈征、刘馨宇：《健全党和国家监督体系：审计监督与人大监督的衔接》，载《中共中央党校（国家行政学院）学报》2020 年第 6 期，第 151 页。

审查和监督……" 2018 年 2 月中共中央《关于深化党和国家机构改革的决定》强调要"加强人大对预算决算、国有资产管理等的监督职能"。党的十九大报告更是将"改革审计管理体制"作为"健全党和国家监督体系"的重要工作内容。加强人大预算监督和完善审计管理体制是健全国家监督体系的两大重点，这两个目标的实现不能仅依靠人大和审计机构各自的内部完善。一方面，审计监督与人大监督的监督对象一致，监督本质相同，二者之间存在着必然联系；另一方面，审计监督与人大监督均存在各自的不足，审计机关隶属于政府，审计独立性是行政型审计的最大问题；人大代表欠缺预算专业知识，且人大与被监督对象之间存在严重的信息不对称。在审计监督与人大监督二者之间建立有效的工作衔接机制不仅是健全预算监督体系的客观需要，同时也是保障人民充分行使监督权的必然要求。

第二节　审计机关与人大的工作联系现状及问题

一、国家审计模式的类型

在目前全世界 163 个成立了国家审计机构的国家中，按照国家审计机构的职能和隶属关系，可以将国家审计模式分为立法型审计模式、司法型审计模式、独立型审计模式和行政型审计模式四种。[1]

立法型审计模式是指审计机关隶属于立法机关，对立法机关负责，向立法机关提供审计信息。立法型审计是审计制度的主流模式，[2] 是立法权与行政权的一种制衡机制。[3] 立法型审计机构的典型代表如：英国国家审计署、美国总审计署、加拿大审计长公署、俄罗斯联邦审计院，等等。[4]

司法型审计模式的特点是国家审计机关建立在国家司法系统之内，享有

〔1〕孙哲：《受托责任观下的财政审计改革研究》，中央财经大学 2018 年博士学位论文，第 49 页。
〔2〕庄恩岳：《国际惯例与模式选择（一）国家审计的立法模式》，载《当代审计》1995 年第1 期，第 47 页。
〔3〕孙哲：《受托责任观下的财政审计改革研究》，中央财经大学 2018 年博士学位论文，第 50 页。
〔4〕孙哲：《受托责任观下的财政审计改革研究》，中央财经大学 2018 年博士学位论文，第 51 页。

独立的司法权,独立于代议机关和行政机关。该模式通过将国家审计司法化,达到强化审计监督的目的。司法型审计模式以法国审计法院为最典型的代表,此外,西班牙审计法院和意大利审计法院也是该模式的代表。[1]

独立型审计模式下的审计机关独立于立法机关、司法机关和行政机关之外,只受法律约束,依照有关的法律规定开展审计监督工作。也正因其独立性,审计院不能强制其他单位遵从其审计建议,需要依靠具有说服力和可靠性的审计证据来提高审计监督的能力和审计问责的效力。[2]独立型审计模式的典型代表是德国的联邦审计院和日本的审计院。[3]

行政型审计模式是指审计机关是政府组成部门,隶属于政府,通常由宪法对其审计监督权力进行明确规定。审计机关隶属于政府,因此往往拥有较大行政权力。[4]行政型审计模式产生于前苏联,[5]我国是行政型审计的典型代表。

立法型、司法型、独立型和行政型审计模式都各有优势。总的来说,立法型审计最能体现审计监督服务于人民的本质作用;司法型审计在制裁和惩罚方面最具优势;独立型审计不隶属于任何国家机关,在公正性上最具保障;行政型审计在信息和效率上具有其他审计模式不具备的优势,然而也存在与监督本质矛盾的自我审查缺陷。

二、行政双重领导与权力机关监督

我国采取的是行政型审计模式,审计机关隶属于各级政府。《宪法》第91条规定:"国务院设立审计机关,对国务院各部门和地方各级政府的财政收支,对国家的财政金融机构和企业事业组织的财务收支,进行审计监督。

---

〔1〕 庄恩岳:《国际惯例与模式选择(二)国家审计的司法模式》,载《当代审计》1995年第3期,第44页。

〔2〕 孙哲:《受托责任观下的财政审计改革研究》,中央财经大学2018年博士学位论文,第64页。

〔3〕 庄恩岳:《国际惯例与模式选择(四)国家审计的其他模式》,载《当代审计》1995年第5期,第41页。

〔4〕 孙哲:《受托责任观下的财政审计改革研究》,中央财经大学2018年博士学位论文,第68页。

〔5〕 刘开瑞:《各国国家审计模式的分析与中国审计模式的选择》,载《当代财经》1994年第7期,第47页。

审计机关在国务院总理领导下，依照法律规定独立行使审计监督权，不受其他行政机关、社会团体和个人的干涉。"第 109 条规定："县级以上的地方各级人民政府设立审计机关。地方各级审计机关依照法律规定独立行使审计监督权，对本级人民政府和上一级审计机关负责。"按照宪法的规定，各级审计机关同时受到地方行政首长和上一级审计机关的双重领导。

除了行政系统内部的双重领导关系外，审计工作最终要向本级人大负责，接受人大的监督。2006 年《审计法》第 4 条第 1 款规定："国务院和县级以上地方人民政府应当每年向本级人民代表大会常务委员会提出审计机关对预算执行和其他财政收支的审计工作报告。……"审计工作报告制度在人大与政府之间建立起了监督关系。由此，在行政系统内部，审计管理体制具备双重领导关系；在行政系统与权力机关之间，存在着以审计工作报告为中心的监督关系。[1]

在本级政府和审计系统的双重领导制下，各级审计机关对本级各部门（含直属单位）和下级政府预算的执行情况和决算以及其他财政收支情况进行审计监督，对本级人民政府和上一级审计机关负责并报告工作。在政府领导这条线上，政府对审计机关的领导主要体现在以下几个方面：其一，审计机关设立派出机构需经本级政府批准；[2] 其二，审计机关履行职责所必需的经费由本级政府保证；[3] 其三，审计机关在特殊情况下可以直接持审计通知书实施审计，不用提前 3 日送达被审计单位，但这需要经过本级政府批准；[4] 其四，被审计单位对审计决定不服的，可以提请审计机关所在的本级政府裁决，本级政府的裁决为最终决定。[5] 各级审计机关所在的本级政府需要每年向本级人大常委会提出审计工作报告，重点报告对预算执行的审计情况，报告内容还需包含对审计问题的纠正情况和处理结果。人大常委会可以在必要时对审计工作报告作出决议。

---

〔1〕　陈征、刘馨宇：《健全党和国家监督体系：审计监督与人大监督的衔接》，载《中共中央党校（国家行政学院）学报》2020 年第 6 期，第 152~153 页。

〔2〕　参见 2006 年《审计法》第 10 条。

〔3〕　参见 2006 年《审计法》第 11 条。

〔4〕　参见 2006 年《审计法》第 38 条。

〔5〕　参见 2006 年《审计法》第 48 条。

在审计系统内部领导这条线上，地方各级审计机关逐级向上一级审计机关报告审计结果，最终由审计署向国务院总理提出审计结果报告。上级审计机关对下级审计机关的领导主要体现在以下几个方面：其一，地方各级审计机关负责人的任免，应当事先征求上一级审计机关的意见；[1] 其二，审计机关之间的管辖范围争议，由其共同的上级审计机关确定；[2] 其三，部分事项的跨级审计，下级审计机关可以依授权审计部分属于上级审计机关管辖的审计事项，上级审计机关可以直接审计下级审计管辖范围内的重大审计事项；[3] 其四，对审计决定的监督，上级审计机关认为下级审计机关作出的审计决定违反国家有关规定的，可以责成下级审计机关予以变更或者撤销，必要时也可以直接作出变更或者撤销的决定。审计决定撤销后需要重新作出的，上级审计机关可以责成下级审计机关限期内重新作出，也可以直接作出。审计决定应当作出而没有作出的，上级审计机关可以责成下级审计机关限期作出，也可以直接作出。[4] 每年 6 月，国务院需要将上一年度的审计工作报告提交全国人大常委会听取和审议，国务院按照全国人大常委会的审议意见，向常委会作出研究处理情况的报告。

三、人大监督与审计监督的现实问题

（一）人大监督缺乏事中参与

在审计双重领导制下，审计机关开展审计业务直接向本级政府和上一级审计机关负责，不直接对接本级人大，最终向人大常委会报告审计工作的是本级政府。人大对审计活动的参与仅有审计工作全部结束后，听取政府作出的审计报告，并无事前和事中参与。

审计工作报告是人大与审计机关建立工作联系的唯一连接。人大及其常委会没有在审计过程中参与监督，仅能在常委会开会的短短几天内同时听取和审议审计工作报告。审计工作报告中包含大量专业内容，但在目前的人大

---

[1] 参见 2006 年《审计法》第 15 条第 4 款。
[2] 参见 2006 年《审计法》第 28 条第 2 款。
[3] 参见 2006 年《审计法》第 28 条第 3 款。
[4] 参见 2006 年《审计法》第 42 条，《审计法实施条例》第 43 条。

常委会工作制度中，并没有对这些内容的客观性、全面性、真实性、公允性进行评估的程序。人大常委会最终作出的审议结果也完全基于政府提供的审计工作报告，即使工作报告中有不实之处，也很难在短时间内被人大常委会发现。审计工作报告的质量是人大常委会审议工作的基础，如果不具备这个基础，那么人大常委会的审议在更大意义上是形式意义，很难实际发挥对审计机关的监督作用。

由于审计工作缺乏人大的事前和事中参与，因此经常出现审计工作报告中的问题"年年审年年有、屡审屡犯"的现实问题。[1] 审计机关隶属于政府，审计监督的对象主要是政府，即使审计机关发现了政府预算执行中的问题，也没有权力强制政府对审计查出的问题进行整改。如果人大能及时参与审计工作，则可以与审计机关互相配合，针对审计查出的问题，由人大要求并监督政府进行整改。人大是国家权力机关，政府是国家权力机关的执行机关，人大对政府的要求，政府必须配合执行。

人大对审计工作的参与之所以局限于事后，主要原因是人大组织制度和工作制度的不完善。审计工作专业性较强，而当前人大常委会中具备预算和审计专业能力的委员人数过少，在专业能力和人力资源上都远不足够支持对审计活动的全面参与。组织制度是工作制度的基础，由于人大常委会组织制度的不完善，相关的工作制度也无法配合审计监督的要求进行完善。在面对大量而复杂的审计事项时，整体监督力量薄弱，许多工作不够深入、细致。[2]

（二）审计独立性不强

审计机关保持独立是审计监督工作的前提。我国《宪法》也强调了审计机关独立行使审计监督权，不受其他行政机关、社会团体和个人的干涉。然而在当前的审计管理体制下，从审计过程上看，审计机关隶属于政府，审计机关的审计经费来源于政府财政部门，而审计监督的主要对象是政府预算执

---

〔1〕《对中央决算报告和审计工作报告的意见和建议》，载中国人大网：http://www.npc.gov.cn/npc/c22242/201907/ee6917ce71d445039ee20d7938f672c3. shtml，最后访问日期：2020 年 10 月 20 日。

〔2〕杨肃昌：《改革审计管理体制 健全党和国家监督体系——基于十九大报告的思考》，载《财会月刊》2018 年第 1 期，第 3~7 页。

行情况，预算执行具体由财政部门负责。审计经费制约着审计工作的开展，也影响着审计机关正常运转的其他方面，如果财政部门在经费上控制审计机关，则审计机关开展工作的难度将提高。从审计结果上看，最终向人大常委会提交审计工作报告的是本级政府，而非直接由审计机关向人大报告审计情况。审计结果有可能被本级政府二次处理，[1]导致宪法规定的审计独立性进一步被削弱。

监督预算执行情况是为了监督政府履行受托责任的情况。由全体人民或全体人大代表直接监督财政预算的执行情况，既不高效，也不现实。由于信息不对称等原因，由全体人民或全体人大代表直接监督预算执行的成本过高，效率过低。此外，财政活动专业性较强，人民和人大代表普遍不具备这方面的专业知识和直接监督的能力。因此，人民需要委托审计机关监督政府的预算执行情况。[2]全国人大和地方人大是人民参与国家财政活动的渠道，由人民选举的代表组成，审计机关对人大负责就是对人民负责。因此，审计机关应向人大提供真实全面的预算执行和其他财政收支信息，消除人大和政府之间的信息不对称，以便人大充分履行对政府的监督职责，评估政府履行受托责任的情况。国家财政活动的监督主体是人民，而非审计机关，审计机关仅发挥着帮助人民监督国家财政活动的工具作用。[3]加强审计机关与人大的工作联系，应当让审计机关为人大服务的定位更清晰、渠道更畅通。审计管理体制改革应当朝着有利于强化人大监督的方向发展，逐渐形成"以人大为中心的审计"。[4]国家审计与人大监督在国家治理机制中具有较强的耦合效应，[5]审计机关和人大在共同组织制度和工作制

〔1〕 刘亚强、黄林芳：《改革审计管理体制　推动审计监督全覆盖》，载《财会学习》2019年第23期，第146~147页。

〔2〕 陈献东：《对审计本质的再认识：监督工具论》，载《财会月刊》2019年第9期，第100~106页。

〔3〕 对审计"监督工具"本质的论述，参见陈献东：《对审计本质的再认识：监督工具论》，载《财会月刊》2019年第9期，第100~106页。

〔4〕 孙哲：《受托责任观下的财政审计改革研究》，中央财经大学2018年博士学位论文，第123页。

〔5〕 李绪孚、刘成立：《国家审计与人大监督的耦合效应研究》，载《当代经济》2013年第21期，第4~5页。

度方面作出相应的完善，才能解决上述人大监督和审计监督的问题，切实提高预算监督水平。

第三节　组织制度的完善

一、人大常委会组织制度优化

预算监督体制改革的方向是提高审计机关服务于人大的程度。这种服务能力的提高不仅限于审计机关的改革，人大也应当具有与审计机关进行工作联动的制度基础。人大的专业性是开展各项审计工作联动的基本前提。首先，人大借助审计机关的工作结果来监督政府履行受托责任的情况，那么审计机关向人大提供的审计工作报告等材料必须经人大进行严格的专业审核，确保审计工作报告的真实性、公允性和完整性，评估审计机关的尽责程度。这是在人大开始实质性审议审计工作报告前的必要程序。人大听取和审议审计工作报告，需要针对重点审计问题开展专项调研、专题询问、质询等工作，并根据审计查出的重点问题提出整改意见。如果人大不具备充足的审计专业人员，那么这些工作将流于形式，据此得出的整改意见也很难触及根源性问题。人大审议审计报告后，政府须对审计查出的突出问题进行整改，并向人大报告整改情况。人大应当跟踪监督政府落实整改的情况，而非仅听取事后政府作出的整改情况报告，确保整改工作不能治标不治本，而应当深入分析问题产生的原因，力求从根源上解决，避免某些审计问题多年重复出现。充分行使监督权不仅是宪法赋予人大的权力，也是人大向人民负责的义务。如果人大未能有效开展监督工作，则人民的权利将得不到充分保障。

中共中央《关于深化党和国家机构改革的决定》提出要深化人大机构改革，健全人大组织制度和工作制度，加强人大对预算决算、国有资产管理等的监督职能。2018年党和国家机构改革方案中也涉及了社会建设委员会等全国人大专门委员会的组建和原法律委员会的名称和职能调整。扩大人大的审计专业队伍是加强人大预算监督之必需，进一步深化人大组织制度改革应当考虑在人大专门委员会和人大常委会工作机构中增加审计专业人员。可以考虑在人大下新设审计委员会或在人大常委会下成立审计工作委员会；也可以调整现有组织结构，在人大财政经济委员会或人大常委会预算工作委员会中增加审计专业人员，调整工作内容。

综合考虑可行性与工作需要，笔者建议在人大常委会预算工作委员会中增加审计工作小组，聘任专职的高水平审计人才。之所以建议人大常委会工作机构而非人大专门委员会进行改革，是出于以下原因的考量：其一，人大专门委员会委员必须是本级人大代表，而高水平审计人才未必具有人大代表资格，身份限制会影响高水平审计人才的选任。其二，人大专门委员会委员有工作任期，与本级人大每届任期相同；人大常委会工作机构组成人员则没有任期限制，也不需要换届。审计工作需要保持较长时间内的稳定性，积累丰富的工作经验，不适合人员短期任用。其三，人大专门委员会委员是从人大代表中选任的，而我国人大代表是兼职的，除人大开会期间，都有自己的主要职业。而人大常委会工作机构组成人员属于常委会机关工作人员，一般要占用人大机关的行政编制，是专职工作人员。审计工作专业性强、复杂程度高、工作量大，需要充足的时间保障，兼职成员难以胜任。此外，兼职成员的主要职业可能会影响审计工作的独立性，如果审计对象与成员工作单位重合或者有领导关系、利益关系，那么审计结果会受到影响。[1]

二、审计业务负责模式改革

审计机关独立性不强是我国行政型审计模式最突出的问题。其他的审计问题主要源于独立性问题，独立性问题得到解决后，透明度低、权威性差等其他的审计问题也就容易解决了。独立性问题的根源在于审计机关属于行政序列，需要接受行政首长的领导，更有调查表明"现行体制下，'双重领导'实际上已经演变为地方政府的'单向领导'，国家审计实际就是政府的内部审计"。[2]

虽然我国《宪法》第91条也规定了审计机关依照法律规定独立行使审

---

〔1〕 关于人大专门委员会与常委会工作机构的区别，参见《"专门委员会"与"工作委员会"》，载《人民之声》2018年第2期，第55页。

〔2〕 杨肃昌：《中国国家审计：问题与改革》，中国财政经济出版社2004年版，第25页。

计监督权，但审计机关受本级政府行政首长的领导，依然使我国审计机关具有行政型审计的通病，缺乏独立性成为审计工作多年以来最突出的问题。[1]有学者将我国现行的行政型审计体制形象地比喻为我国审计发展的"初始模式"或"启动状态"，考虑了审计创建和早期发展的基本需要，保证了审计工作"按时进入预定轨道"。[2]时至今日，审计发展已经步入正轨，审计体制应当从"启动状态"及时转换为"运行状态"，这样才能满足当下的监督需求、促进审计事业的长远发展。

为了解决这一审计管理体制的固有问题，审计学者提出了多种制度改革建议，这些改革建议可以归纳为以下三种改革思路：一是立法型审计模式改革，将审计机关划归人大；[3]二是保持行政型审计模式，改革行政管理模式，将双重领导制改为上下级审计机关间的单向领导制，或是将现行省以下地方各级审计机关直接划归省级审计机关领导和管理等方式；[4]三是行政型审计向立法型审计转变的中间模式，所谓国家审计"双轨制"，即在人大和政府分别建立审计组织，人大所属的审计组织主要从事预算审计工作，政府所属的审计组织主要进行政府经济监管所需要的各项审计监督工作。[5]

立法型审计模式改革固然是最彻底的改革方式，但笔者认为，从我国目前的纯行政型审计直接转为立法型审计颇有困难。审计机关设立于国务院是《宪法》的规定，将审计机关直接划归人大将会导致违宪。宪法修改不宜太过频繁，2018年我国才大范围修改了宪法，近期内不宜再次修宪。此外，我国人大与政府的工作联系机制尚不健全，直接将审计机关划归人大将很可能导致审计工作开展困难。第二种改革模式聚焦于行政体系内部工作方式转

---

〔1〕　杨肃昌：《中国国家审计：问题与改革》，中国财政经济出版社2004年版，第33页。

〔2〕　尹平：《现行国家审计体制的利弊权衡与改革决择》，载《审计研究》2001年第4期，第43页。

〔3〕　秦荣生：《公共受托经济责任理论与我国政府审计改革》，载《审计研究》2004年第6期，第16~20页。

〔4〕　吴联生：《政府审计机构隶属关系评价模型——兼论我国政府审计机构隶属关系的改革》，载《审计研究》2002年第5期，第14~18页。李齐辉等：《试论我国审计制度的构建与创新》，载《审计研究》2001年第2期，第34~39页。

〔5〕　杨肃昌、肖泽忠：《试论中国国家审计"双轨制"体制改革》，载《审计与经济研究》2004年第1期，第5~9页。

变，虽然可行性较高，但行政系统内部仍存在对审计业务的领导关系，依然难以从根本上解决审计独立性差的问题。第三种改革模式与第一种改革模式类似，存在部分违宪的问题。该模式建议在人大组建审计组织，负责预算（政府的全部收入和支出）的审计工作。但是依据《宪法》第 91 条的规定，"对国务院各部门和地方各级政府的财政收支，对国家的财政金融机构和企业事业组织的财务收支"进行审计监督的主体是设立于国务院的审计机关。因此，在该模式下，由设立于人大的审计组织负责预算审计的建议必然是违宪的。即便如此，审计"双轨制"改革在很大程度上兼顾了我国国情和审计发展需要，仍具有一定的参考价值。

对于审计管理体制改革，笔者认为，不妨借鉴 2018 年党和国家机构改革的经验，如将国家民族事务委员会归口中央统战部领导，仍作为国务院组成部门；又如组建中央广播电视总台，作为国务院直属事业单位，归口中央宣传部领导。[1] 审计管理体制改革可以参考国家民族事务委员和中央广播电视总台的改革方式，建立负责制与隶属关系相分离的审计体制。审计署仍然作为国务院组成部门，但直接向全国人大负责；地方各级审计机关也仍设于地方政府内部，仍属于行政部门，但直接向地方各级人大负责。在隶属关系上，各级审计机关仍隶属于本级政府，但是审计机关直接向人大负责，直接受人大监督。

该审计体制改革方案具有较强的可操作性。首先，这种改革方式符合《宪法》第 91 条第 1 款"国务院设立审计机关"的规定。《宪法》第 91 条第 2 款虽然规定"审计机关在国务院总理领导下，依照法律规定独立行使审计监督权"，但并未规定国务院总理的领导是行政管理领导还是审计业务领导。在国务院总理的领导下和独立行使审计监督权之间存在紧张关系。国务院对审计工作的领导应当仅局限于行政方面，审计业务则独立，这样方能解决该条款内部的紧张关系。《审计法》第 9 条规定："地方各级审计机关对本级人民政府和上一级审计机关负责并报告工作，审计业务以上级审计机关领导为主。"该法条也说明了宪法规定的"领导"不一定是审计业务领导。负

---

[1] 参见《深化党和国家机构改革方案》。

责制与隶属关系相分离的审计体制改革后，审计机关仍隶属于政府，接受政府的行政管理，但与审计业务相关的工作直接向人大负责。审计机关向人大负责并不会影响审计工作的独立性，类似于法院对人大负责并不影响独立行使审判权。审计机关负责制与隶属关系相分离的改革方案既不违背宪法，又能满足改革需求。其次，2018 年党和国家机构改革为审计机构改革积累了丰富的经验，负责制与隶属关系相分离的工作方式对行政机关而言并不陌生，具体审计制度改革细节可以参考国家民族事务委员会等政府部门管理体制改革办法。再次，这样的改革方案可以令审计机关人员和内部组织的变动最小化，保持了审计机关的相对稳定，对正在进行的审计工作和政府内部财政财务控制工作的影响较小。2018 年审计署重新制定了《关于内部审计工作的规定》，健全了被审计单位的内部审计工作制度，内部审计机构负责财政财务收支、经济活动、内部控制等单位内部审计工作，审计机关对单位内部审计工作提供业务指导和监督。审计机关与内部审计机构的分工更加明确，为审计机关负责制变化的改革做好了铺垫。改革后，内部审计机构依然受政府领导，改革并不会影响政府财政财务内控工作。此外，由于该改革方案仅涉及负责制的变化，因此可以在短期内完成。增强审计机关独立性、提高人大预算监督水平等改革目标也可在较短时间内实现。

第四节　工作制度的发展

一、人大参与审计工作的新方式

（一）年度审计任务的确定

由于审计结果要服务于人大监督工作，因此，审计任务的确定也应当充分尊重人大的要求。在美国，除去一少半的法定审计任务，其余的审计任务中绝大部分由国会安排，审计长可以自行决定剩余的小部分审计任务。[1]

---

〔1〕　如 2012 年财政年度中，美国国会要求安排的审计任务占审计署 63%的审计资源，法定安排的审计任务占 32%，审计长自行决定的审计任务占 5%。参见审计署国际合作司编：《十国审计长谈国家审计》，中国时代经济出版社 2014 年版，第 11 页。

每年全国人民代表大会和地方各级人民代表大会召开时，都要审查上一年度中央和地方预算执行情况报告和本年度中央和地方预算草案的报告。年度财政审计任务与本年度预算草案和上一年度预算执行情况密切相关，由人大确定年度审计任务具有充分的合理性，更符合人大评价政府受托责任的监督需求，也有利于我国人大制度的完善，维护人大最高国家权力机关的特殊地位。

(二) 审计工作报告的听取和审议

每年6月，全国人大常委会同日听取中央决算报告和审计工作报告。在开会前，全国人大财政经济委员会对中央决算草案进行初步审查，提出初步审查意见，审计工作报告是初步审查决算草案的重要参考。然而，审计报告作为参考材料，本身并未经过提前审查。如果审计报告存在瑕疵，那么以此为参考得出的决算草案审查意见未必适当。对审计报告进行初步审查不仅有助于决算草案的初步审查，也是审议审计报告的必要前置程序。人大常委会应当在听取审计工作报告之前，由预算工作委员会对审计报告进行初步审查，利用审计工作小组的专业能力，对审计报告进行审查，确保审计报告内容的真实性和完整性。审计机关应当根据预算工作委员会的初步审查意见对审计报告进行修改，并将修改后的审计报告提交给全国人大常委会。

对于审计查出的突出问题，政府需要进行定期整改，人大监督整改情况。自2015年《关于改进审计查出突出问题整改情况向全国人大常委会报告机制的意见》实施以来，人大对该工作的监督水平已经有了较为显著的提高，询问、跟踪调研等事后监督制度更加完善。然而，在人大常委会审议审计报告时，对审计报告揭露的问题，不得简单就事论事地概括交由审计机关牵头整改，而应由预算工作委员会审计工作小组探索从根源上杜绝问题的方法。较之于中央和地方各审计机关，预算工作委员会对财政问题全局有更深刻的认识，也能更有效地监督政府部门进行整改。举例来说：如果重点审计问题的根源在于体制机制不完善，那么仅依靠审计机关牵头引导相关部门大刀阔斧地改革，几乎是不可能的。人大亲自参与整改工作，可以较为有效地自上而下促进体制机制完善。加强人大对审计查出问题整改工作的监督，不得仅局限于事后监督，而应当致力于探索人大全过程参与整改的长效监督机制。

（三）对审计机关的定期考评

人民代表大会制度要求对国家的根本监督是人大监督，审计监督是辅助监督，审计的本质是"独立的辅助监督受托责任履行情况的工具"。因此，审计机关应当接受人大的定期考评，以保证审计机关具备能胜任各项审计工作的能力，及时调整内部组成和工作方式。预算工作委员会的审计工作小组应当具体负责审计机关的考评。审计工作小组既了解人大监督需求，又具备专业审计能力，是最合适的审计考评主体。人大对审计机关的检查应当包括但不限于对审计业务文件的检查，对质量控制体系的功能测试，与相关人员面谈等方式。人大应当基于对审计机关的业务检查结果，综合评价审计工作方式的适当性和有效性，并提出能够普遍适用的审计业务优化方案。需要注意的是，审计工作小组考评审计机关只是业务能力和质量控制方面的考评，目的是确保审计机关作为监督"工具"，不存在"机械故障"，对审计机关的考评工作不得影响审计机关独立开展审计业务。即便审计机关是为人大服务的，人大也不得干扰审计工作的独立开展。

二、审计机关向人大负责业务的工作优势

在负责制与隶属关系相分离的审计管理体制下，审计机关仍设于政府内部，在保留行政型审计优势的同时，也更能适应现阶段我国的监督需求。审计机关在被审计对象（政府）内部办公，有利于审计工作贴近政府出台的各项改革措施和重要工作部署，[1] 更加准确地制定审计工作计划，安排重点审计内容；也可以更及时有效地开展相关人员问询、业务文件查询等多种方式的审计工作，及时发现、处理和纠正重点问题。不仅如此，审计机关设于政府内部还有助于审计机关指导内部审计机构改进政府财务管理方式、提高政府工作绩效。可以说，这种审计管理体制改革将目前行政型审计的诸多优点都保留了下来。

---

[1] 湖北省审计体制改革课题组：《我国国家审计体制改革研究》，载《湖北审计》2003年第9期，第6页。

在负责制与隶属关系相分离的改革模式下，审计机关虽然设于政府内部，但审计业务却不受政府领导，而是直接向人大负责，受人大监督。这可以从根本上解决困扰我国多年的审计独立性问题。现行体制下，审计结果报告须由审计机关先提交给本级政府，再由政府提交给本级人大常委会。政府是被审计对象，却在监督者（人大常委会）之前得到审计结果报告，这就很难避免审计报告被政府"过滤"，无法保障审计结果的公允性。审计机关直接向人大负责后，可以直接将审计结果报告提交给人大，直接对接优化后的预算工作委员会，既独立，又高效。

虽然《审计法》规定审计机关受本级政府行政首长直接领导，但实际上，为数不少的地方审计工作却是由其他领导分管或协管的，甚至多是由负责财政工作的领导同时管理，[1]政府行政首长较少过问。财政工作是主要的被审计对象，这样一来，被审计单位负责人却成了审计机关的领导者，审计机关就更难以独立地监督财政工作了。实践中的这种现象也是很多地方审计流于形式的重要原因之一。虽然这种现象只是一些地方不严格按照法律规定的管理情况，并非法律本身的问题，但是这种现象的普遍性却是由于审计机关的行政属性导致的，问题的根源在于审计工作的行政领导方式。审计机关直接向人大负责后，政府行政首长尚且不能置喙审计工作，更不会有其他行政部门领导来管理和干预审计工作了。

除上述问题外，当前审计体制其他突出问题的根源都在于审计机关受政府管理而缺乏独立性，诸如：审计机关对同级政府经济活动难以发挥监督和制约作用；审计目标和任务在很大程度上受政府行政首长意志的左右；审计发挥作用的程度取决于领导者素质和重视程度；无法突破地方政府保护的屏障，等等。[2]审计机关直接向人大负责后，这些问题都将迎刃而解。

审计机关虽然在行政上仍隶属于政府，但考虑到审计工作的特殊性，按照《宪法》第91条对审计工作独立性的要求，地方各级审计机关负责人应当由本级人大直接产生，而非由本级政府行政首长任命。审计机关负责人在

---

〔1〕 欧文汉：《公共支出管理的制度研究》，东北财经大学2005年博士学位论文，第190页。

〔2〕 尹平：《现行国家审计体制的利弊权衡与改革决择》，载《审计研究》2001年第4期，第44页。

审计工作中扮演重要角色，查询被审计单位金融账户，封存被审计单位的有关资料和资产，暂停拨付业务相关款项等特殊审计工作，均需经过审计机关负责人的批准方可开展。如果审计机关负责人由政府任命，那么负责人极有可能作出不利于审计工作的决定。然而在中央层面，仍应严格按照宪法操作，即审计署审计长的人选由国务院总理提名，全国人大决定；全国人大闭会期间，由全国人大常委会决定。审计管理体制改革应当在宪法秩序内探寻最佳方案，非重大事由，不建议修宪。

经费是审计工作质量的重要保障，审计经费不足是当前体制下的另一个现实问题。目前审计经费列入本级政府财政预算，由本级政府予以保证。各级政府财政部门负责预算编制，对预算分配有较大影响，而财政部门是审计机关的主要审计对象，为了获得足够的审计经费，审计机关在审计财政部门时难免"放水"，这会严重影响审计结果。如果财政部门故意利用预算经费干预审计工作，那么想必后果更加恶劣。因此，笔者建议改革后的审计机关经费预算不列入本级政府预算，单列预算，人大单独审批，避免上述问题的出现。

第五节　本章小结

将审计机关设于政府内部的行政型审计模式是我国宪法确定的审计制度，优化审计管理体制只能在宪法框架下探索改革方案，不能从根本上颠覆行政型审计模式。因此，目前比较理想的改革方案是在审计机关和人大之间建立起有效的衔接机制，一方面提升人大的审计专业水平，完善人大常委会的组织制度和工作制度；另一方面在审计机关内部进行负责制与隶属关系相分离的审计管理体制改革。虽然上述改革建议能够在很大程度上解决当前我国审计最主要的问题，但是这种改革尚不能从根源上满足审计工作服务于人大监督的要求，某些典型的审计问题依然无法得到解决。审计机关负责制与隶属关系相分离的改革方案只是一种过渡期的改革方案，条件成熟时，应当通过修改宪法将行政型审计模式变更为能够更好适应国情的其他审计模式，从根本上解决审计内部监督的问题，提高预算监督水平，使人民的主体地位更加稳固。

第七章

预算制度的整体完善方向

预算的核心功能在于控权，加强预算的民主功能是完善预算制度的核心要义。宪法民主原则意味着一切国家权力都来源于人民，一切权力的行使都可追溯至人民。在从来源到最终执行的预算活动过程中，人民、人民代表大会和政府是民主合法化链条上的三个环节。人民是一切国家权力的根本来源，可以通过各种渠道行使国家权力，其中最重要的渠道即为人民代表大会，此外，人民还可以通过监督权力运行等方式直接参与到国家管理事务之中。人大是人民代表组成的国家权力机关，是具体与政府发生权力授予和权力控制的主体。政府是国家权力机关的执行机关，接受人大的授权和委托，具体执行国家事务。预算是人大约束政府的手段，强化预算的民主功能，应当着眼于人大和政府这两个主体以及人大对政府的约束过程。

人民代表大会是人民管理国家事务最重要的载体。人大的权力不是自然而然存在的，而是由人民赋予的。虽然在预算关系上，人大制定法律规则，批准预算草案，扮演着约束政府和其他公权力的角色，但这并不意味着人大可以随意行使权力而不受任何约束。人大由人民选举产生，对人民负责。人大的立法、监督、授权等权力的行使必须以符合人民意愿为前提，正因如此，人大即使是国家权力机关，也需要合理的组织制度为职能的实现提供组织保障，也需要完善的工作制度来规范权力的行使方式。人大通过完善的组织制度和工作制度履行宪法规定的职权，才能使人大真正作为人民行使权力的载体表达人民的意愿，保障人民的权利。

人大对政府财政收支行为的直接约束手段是预算，即人大审批通过的预算成为政府财政活动的上限，政府必须严格按照预算开展财政活动。而为了使预算能够真正发挥对政府的控权作用，需要预算法律制度保障预算活动的开展符合民主原则的要求。一方面，预算法律体系应当优化。弥补当前预算领域的立法缺失，扭转应立法而未立法的局面，同时完善既有法律规定的不足之处，使一切预算过程中的权力行使都有法可依，并且这些法律应当符合宪法。另一方面，应当规范预算制度的立法授权，将国务院拥有的不合理的立法授权收归人大，按照《立法法》和《宪法》的要求，积极妥善制定法律，规范财政领域的基本制度。总而言之，为了保障人大对政府的约束力，立法者既不得立法怠惰，也不得积极制定不符合宪法要求的法律。

政府是预算活动的最初发起者和最终执行者，是把预算从计划变为现实的最重要主体。由于预算只限制政府活动的上限，而不限制下限，因此，政府在预算执行过程中拥有比较灵活的能动空间。而预算的功能在于控制行政权力，因此政府的能动空间不应超出民主原则允许的范围。限制政府的能动性主要是对预算本身提出的要求，预算的合理性和规范性可以在很大程度上限制政府的能动空间。只需政府严格执行预算，即可将行政权力控制在人大批准的范围之内。政府严格执行预算的保障一方面是法律责任，另一方面是预算监督。

第一节　优化人大制度，提高代表水平

人民代表大会制度是我国的根本政治制度，是我国人民主体地位的制度保障，而人大的组织制度和工作制度直接影响人大开展立法、预算、监督等实质工作的效果，对保证全体人民更好地通过人民代表大会制度行使国家权力，具有重大的现实意义。正因如此，宪法明确要求立法者亲自制定法律规定全国人民代表大会和全国人民代表大会常务委员会的组织和工作程序。党中央也多次强调要健全人大组织制度和工作制度。人大组织制度、工作制度和议事规则的根本目的是保障人大能够有效地行使法定职权、充分发挥国家权力机关作用。[1]人大的预算职权主要包括预算审批与预算监督，因此，完

---

[1]　尹中卿：《三十年来中国人大组织制度不断健全》，载《中国人大》2008年第23期，第30页。

善预算制度要求人大制度的优化应当向着有利于预算审批和预算监督的方向努力。

一、建立人大预算委员会，协助预算审批

我国各级人民代表大会的代表都是来自各行各业的兼职代表，具备预算专业知识的代表比例较低，由人大代表直接审查和监督预算具有一定的难度。这使得专门处理预算事务的人大专门委员会和人大常委会工作机构具有急迫的现实需求。事实上，由于预算的专业性较强，内容较为复杂，各国一般都在代议机关中设立专门的预算审议机构，负责收集和汇总议会各委员会、政府各部门和社会民众的意见，为议会提供重要的专业建议。[1]

在全国人大层面，目前处理预算事务的人大专门委员会是财政经济委员会，人大常委会工作机构是预算工作委员会。财政经济委员会的主要职责在财经立法方面，[2]预算初步审查等预算事务只是财政经济委员会众多工作中的一项。人大财政经济委员会中具有预算专业知识的委员人数不足，而且工作职能较多，负担较重，可用于预算工作的时间和精力并不充裕，难以进行深入细致的预算审查。在地方人大层面，法律对地方人大常委会工作机构

---

〔1〕 代议机关中的专门预算审议机构如：美国国会预算局、参众两院预算委员会、参众两院拨款委员会与小组委员会，英国下院的财政委员会、拨款委员会，日本参众两院的预算委员会等。

〔2〕 根据《全国人民代表大会组织法》第40条的规定，财政经济委员会的职责是：对国务院提出的国民经济和社会发展计划草案、规划纲要草案、中央和地方预算草案、中央决算草案以及相关报告和调整方案进行审查，提出初步审查意见、审查结果报告；其他专门委员会可以就有关草案和报告向财政经济委员会提出意见。而根据全国人民代表大会官方网站对全国人大财经委职责的介绍，全国人大财经委实际承担的工作远不止于《全国人民代表大会组织法》规定的各种经济相关事务的草案初步审查，还包括：审议全国人大主席团或者全国人大常委会交付的议案；向全国人大主席团或者全国人大常委会提出属于全国人大或者全国人大常委会职权范围内同本委员会有关的议案；审议全国人大常委会交付的被认为同宪法、法律相抵触的国务院的行政法规、决定和命令，国务院各部、各委员会的命令、指示和规章，省、自治区、直辖市的人民政府的决定、命令和规章，提出报告；审议全国人大主席团或者全国人大常委会交付的质询案，听取受质询机关对质询案的答复，必要的时候向全国人大主席团或者全国人大常委会提出报告；对属于全国人大或者全国人大常委会职权范围内同本委员会有关的问题，进行调查研究，提出建议。协助全国人大常委会行使监督权，对法律和有关法律问题的决议、决定贯彻实施的情况，开展执法检查，进行监督。参见《委员会职责》，载中国人大网：http://www.npc.gov.cn/npc/c34354/c343/c34485/202009/t20200918_307648.html，最后访问时间：2020年5月15日。

的设置完全没有强制性要求，常委会工作机构设置与否，设置哪些完全由各地自行决定。地方人大专门委员会和常委会工作机构设置的不确定性直接影响《预算法》对预算审查与预算监督主体的规定。预算审批是所有预算程序中最具民主价值的环节，预算审批前期工作依赖于专门委员会、常委会工作机构等人大组织制度，人大制度基础的不确定性会直接影响预算审查的工作质量和民主作用。

从预算审查的需要来看，人大专门委员会的设置必须具有明确性和合理性。审查和批准预算是各级人大最为重要的职责之一，必须有明确能够胜任的人大组织承担相应的职责。全国和地方各级人大组织法应当明确规定各级人大设置负责预算初步审查工作的专门委员会，改变当前法律中地方人大设置专门委员会的任意性规定。不仅如此，全国人大和地方各级人大都应当专门设立预算委员会，独立于财政经济委员会。财政经济委员会和预算委员会的职责分工并不相同，预算的专业性和复杂程度要求必须由具有预算专业知识的委员负责预算审查等相关工作。预算委员会的人员组成应当满足开展预算初步审查等工作的实际需求，不仅要有专业知识，而且应当在人数上得到充分的人力保障。唯此，才能使人大专门委员会真正能够弥补我国人大代表专业能力的欠缺，使预算不仅具有形式意义，而且具有实质正当性，增强预算的民主性和对行政机关的约束力。

二、人大常委会预算工作委员会下设审计工作小组

预算监督是人大及其常委会的重要职责。预算的人大监督是根本监督，审计监督服务于人大监督。换言之，人大不仅要直接监督预算，还要监督审计机关监督预算的情况。审计机关对预算执行情况、决算进行审计监督，审计工作报告要向本级人大常委会作出。然而，目前在政府最终向本级人大常委会作出审计工作报告之前，人大并未参与到审计工作当中，人大对审计事项仅有事后监督，并无事前和事中参与，审计过程中的领导、指导和监督等工作主要由本级政府和上级审计机关负责。

当前人大专门委员会和人大常委会工作机构均没有专门的审计（工作）委员会，全国人大财政经济委员会和全国人大常委会预算工作委员会中也没

有审计工作小组，缺乏具有审计专业背景的委员。审计工作的专业性非常强，对审计工作的有效评估必须由具有审计专业知识和经验的人来作出。人大常委会在专业性和时间等方面的局限使得对审计工作报告的调查和评估水平差强人意。此外，监督审计工作离不开充分的调查，这也对人大组织中的审计专业人力资源提出了较高要求。然而，当前人大在技术上和人力资源上都没有为审计监督做好准备。因此，在面对大量而复杂的审计事项时，整体监督力量薄弱，许多工作不够深入细致。

笔者建议在人大常委会预算工作委员会中增设审计工作小组，聘任专职的高水平审计人才，在组织和工作制度上促成人大监督与审计监督的衔接。人大可借助常委会审计工作小组的专业能力，为审计机关确定年度审计任务。由人大确定审计任务更符合人大评价政府受托责任的监督需求，也有利于维护人大最高国家权力机关的特殊地位。人大常委会在听取审计工作报告之前，可利用审计工作小组的专业能力，由预算工作委员会对审计报告进行初步审查，确保审计报告内容的真实性和完整性。此外，审计工作小组应当负责审计机关的定期考评，以保证审计机关具备能胜任各项审计工作的能力，及时调整内部组成和工作方式。

三、人大会期的提前和延长

我国的预算年度起始于每年 1 月 1 日，终止于每年 12 月 31 日。而全国人大会议举行的时间往往在每年的 3 月，各级地方人大会议举行的时间可能从 2 月至 4 月不同。人大举行会议审批预算时，预算年度已经开始了几个月，这就造成了人大审批预算的时间与预算年度的错位，导致预算在审批前先执行的情况每年发生。从预算作为控权手段的本质来看，经人大批准的预算才能成为政府开展财政活动的依据，未经批准即率先执行预算违背事前审批原则。

依照《宪法》规定，全国人大既要审批预算，也要审批预算执行情况的报告，而且全国人大会议每年只举行一次。在尊重宪法规定的情况下，人大会期必须作出巧妙的调整，才能在一次大会上同时完成预算和预算执行情况报告的审批。这是因为，审批预算应当在预算年度开始前完成，而审批预算执行情况的报告应当在预算年度结束后进行。如果全国人大会期处于同一个公历年度之中，则必然无法同时完成上述两项审批工作。因此，笔者建议全国人大会议跨年度举行，始于 12 月，可以在下一个预算年度开始前完成预算的审批；终于次年 1 月，可以在预算年度结束后进行预算执行情况报告的审批。

此外，我国各级人大会期普遍偏短，追求效率，压缩成本。国家运行和国民生活最重要的事务都需要在全国人大开会期间作出决定。人大代表需要在几天的会期内审议数量众多的文件，每份文件的平均审议时间过短，没有足够的时间研究和讨论文件内容，便匆匆表决。召开人大会议是一种集体民主的议事活动，是充分发扬民主，表达和汇集民意的过程，会期过短会导致民主议事不充分，削弱人大权力，使人大审议的形式意义大于实质意义。

人大会期长短的确定应当首先保证人大职能可以充分有效地履行，在保证人大履行职能的前提下才能考虑效率和成本问题，而不能先考虑效率，牺牲民主活动的质量去成全效率，这将导致民主与效率关系的本末倒置。民主活动的效率是坚持民主下的效率，而非无视民主而单独追求的效率。考虑到我国的国民数量、国家事务总量和人大代表职权，我国应当明确以法律形式规定全国人大的会议举行时间，并延长会期。全国人大及其常委会的组织和工作程序由法律规定是宪法明确提出的要求，会议举行的时间是工作程序的重要组成，至今仍无法律明确规定，应当及早弥补法律缺失。地方人大组织法应当适应全国人大会期的调整，作出相应的修改，在地方人大会议举行时间和会期两方面保障民主议事程序，提高最高权力机关的实质地位。

四、人大代表专业水平的提升

2010 年《全国人民代表大会和地方各级人民代表大会选举法》修正后，在第 6 条中新增了代表的广泛性规定："全国人民代表大会和地方各级人民代表大会的代表应当具有广泛的代表性，应当有适当数量的基层代表，特别是工人、农民和知识分子代表；……"代表的广泛性要求使人大代表在名额分配上充分考虑了职业、民族、文化程度、性别、宗教信仰、党派等因素，便于表达各行各业公民的声音。然而，全国人大需要行使立法权和重大事项决策权，这不仅需要政治立场和觉悟，更需要相关专业知识作为民主决策的基础，代表履职的业务能力与其自身所处行业的专业性之间存在较大的距离，目前我国人大代表在履行立法、预算审批、国家发展重大事项的决策等方面的专业素质参差不齐，缺乏履职必要的专业基础。[1]

专门委员会组织和工作制度的完善是现代议会制国家的共同制度需求，无论在我国，还是在预算制度较为成熟的西方国家，人大代表或议员的预算专业能力都很难达到能够独立分析预算文件的水平，需要代议机关的专门预算机构进行技术性和专业性较强的前期分析和调研。尽管人大可以建立专门委员会协助人大代表进行预算审批，通过充分细致的前期审查工作，为人大代表提供专业上的参考建议，但这不能完全取代也不应取代人大代表集体表决对预算生效的民主作用。

由来自各行各业的兼职代表完全亲自审批预算不具备现实性，然而，对人大代表的预算知识也不得完全没有要求。最终的预算通过决议是由全体代表民主表决而作出的，在最终的预算决议作出前，人大会议举行前的初步审查工作和人大会议举行时的先行审查工作都由专门委员会承担，人大代表具备必要的预算知识才能与专门委员会形成良好的衔接和审批工作上的联动。如果人大代表完全不具备预算知识，无法根据专门委员会的建议作出理性的分析和决策，那么即使预算由全体人大代表表决通过，人大代表的表决也往往与专门委员会的表决建议相一致，人大代表表决只能起到形式作用，提出批准建议的专门委员会才是实质上作出预算批准决议的主体。人大代表的预算专业能力欠缺还有可能导致另一种极端情况的出现。由于最终表决权掌握在代表手中，如果多半代表无视专门委员会的预算前期审查结论和批准建议，仅关注预算支出对自己所处的行业的支持力度，并以此作为对整个预算草案的评价标准，则可能作出与专业建议相反的同意或否定决策。

无论是人大代表过于尊重，还是过于忽视专门委员会的预算审批意见，都不利于预算审批决策的科学性。民主决策应当是理性的，而非随意的，是

---

[1] 刘剑文、熊伟：《预算审批制度改革与中国预算法的完善》，载《法学家》2001年第6期，第55页。

需要人大代表基于专业判断而作出的。虽然我国的人大代表是兼职代表，但是经选举成为人大代表则必须在本职工作之外承担起人大代表的职责。人大代表不只是一份荣誉，人大代表的职责也不应仅是同意任何国家决策的政治代表。每一份职业都有自己的专业要求，人大代表的工作也不例外，全国人大及其常委会行使国家立法权，决定预算、经济、社会发展、战争与和平等重大事项，监督宪法和法律的实施，人大代表的专业程度甚至应当高于很多其他职业。来自各行各业的代表应当表达本行业人民的意见和建议，但不得局限于本行业，而应当对人大代表需要行使表决权的全部事项都有必要的认知。

目前，《全国人民代表大会组织法》和《地方各级人民代表大会和地方各级人民政府组织法》都未对人大代表的专业性提出要求，也未规定人大代表的专业培训机制，这是法律规定的缺失。笔者建议，全国和地方各级人大组织法都应当规定人大代表履职专业能力的培训机制，具体由各专门委员会负责培训，人大代表必须接受履职专业培训。如前文建议，各级人大都应成立预算委员会，那么人大代表的预算专业知识培训则应当由预算委员会负责。对人大代表履职专业能力的要求无须过高，但起码应达到可以使人大代表与专门委员会进行工作联动的基础要求，使人大代表能够读懂专门委员会的预算审查结论，能够理性地自我分析专门委员会提出的预算审批建议，而后基于理性的判断作出严肃的民主表决。唯此，才能使预算的民主价值突破形式意义，从而迈向预算的实质民主。

第二节　规范预算立法授权

预算是人大约束政府财政收支行为的手段，并且可以通过约束财政开支来约束公权力的规范行使。预算对政府的约束作用与预算的民主程度和规范程度密切相关。预算的民主性越强，控权作用就越强，不具有民主性的预算只能发挥政府账本的记录作用。而预算的规范程度又直接影响着预算的民主程度，预算越规范，政府脱离预算控制的财政收支就少，预算的约束就越充分。由于预算是民主控权的工具，政府是预算的主要约束对象，因此，预算的规范应当由民主立法制定，而不得由被约束者代为制定。由政府制定的行政法规和部门规章去规范预算活动，会削弱预算的民主控权作用，使预算沦为政府自我约束的工具，与预算的民主本质相悖。法律具有一定的抽象性和稳定性，立法者很难亲自制定预算实施过程中所有细节规定，不得不授权行政机关制定具体预算活动的实施细则。立法授权必须把握好尺度，不得将本应由立法规定的事项授权给行政机关代为规定，否则即可能导致预算约束作用的降低。

预算是国家所有财政收支的管理活动，涉及诸多财政基本制度。然而目前我国《预算法》主要是对预算内容、预算职权和预算活动的原则性规定，抽象程度较高，很多时候并不能用来直接指导预算实践活动。预算监督领域的立法情况较好，存在规范审计监督的《审计法》与指导人大监督的《各级人民代表大会常务委员会监督法》，只是后者不仅包含预算监督，还规定了人大常委会的其他监督职责，在预算监督方面的规定不够具体。除了《审计法》与《各级人民代表大会常务委员会监督法》之外，预算包含的其他财政活动实体性与程序性的规定往往由国务院作出。

我国的预算包括一般公共预算、政府性基金预算、国有资本经营预算、社会保险基金预算四本预算。然而，《预算法》的规定主要围绕一般公共预算展开，对于政府性基金预算、国有资本经营预算和社会保险基金预算，仅分别用一个法条规定了其概念和编制原则。[1] 对于这三本预算，《预算法》的规定严重缺失，这三本预算的具体内容和预算程序则统统打包授权给国务院代为规定。《预算法》第 28 条规定："政府性基金预算、国有资本经营预算和社会保险基金预算的收支范围，按照法律、行政法规和国务院的规定执行。"这一授权条款存在两个明显问题。

问题之一是，授权的事项仅是这三本预算的收支范围，并无其他实体和程序性内容的授权。然而《预算法》并未对这三本预算作出概念和原则以外的其他任何规定，如果行政机关不制定相关规定，则这三本预算活动的展开

---

〔1〕《预算法》第 9 条规定了政府性基金预算的概念和以收定支的编制原则；第 10 条规定了国有资本经营预算的概念和收支平衡、不列赤字的编制原则；第 11 条规定了社会保险基金预算的概念和统筹层次、分项编制、收支平衡的编制原则。

完全没有规范依据；如果行政机关制定了这三本预算的管理办法，则会超越法律的授权范围。事实上，行政机关为了相关预算管理工作的正常运行，先后制定了《财政部关于制发政府性基金预算管理办法的通知》（财预字〔1996〕435号）、《财政部关于进一步加强地方政府性基金预算管理的意见》（财预〔2009〕376号）、《国务院关于试行国有资本经营预算的意见》（国发〔2007〕26号）〔1〕、《国务院关于试行社会保险基金预算的意见》（国发〔2010〕2号）等规范性文件。

问题之二是，这一条款的授权对象不仅有行政法规，还包含"国务院的规定"，国务院的规定可能既不是行政法规也不是部门规章，仅是国务院规范性文件或部门规范性文件，效力级别过低。政府性基金预算、国有资本经营预算和社会保险基金预算同样涉及财政基本制度，应由法律规定，而不应由行政规范性文件来规定，这违背立法授权的原则。

除上述不规范授权外，《预算法》中还存在着一些不规范授权条款。《预算法》第29条授权国务院规定"中央预算与地方预算有关收入和支出项目的划分、地方向中央上解收入、中央对地方税收返还或者转移支付的具体办法"。第34条授权国务院财政部门"具体负责对中央政府债务的统一管理"。第35条授权国务院"建立地方政府债务风险评估和预警机制、应急处置机制以及责任追究制度"。第41条授权国务院规定各级一般公共预算中的预算周转金和预算稳定调节基金。第42条授权国务院财政部门规定各部门、各单位上一年预算的结转、结余资金管理办法。第72条授权国务院财政部门规定特殊情况下不同预算科目、预算级次或者项目间的预算资金的调剂管理。第98条正式授权国务院"根据本法制定实施条例"。

法律是"民主多数决定的象征和成就"，〔2〕只有人民选举的、具有民主合法性的立法机关才能对共同利益作出重大决定。〔3〕由于立法权的民主性，

---

〔1〕　国有资本经营预算管理的规范性文件非常之多，在2007年国务院发布《关于试行国有资本经营预算的意见》后，财政部、国资委等国家部委先后发布了多达58份规范性文件，从各个方面对国有资本经营预算管理作出规定。国有资本经营预算管理的规定较为繁杂，且效力级别普遍偏低，极其不利于预算活动的规范开展。

〔2〕　*H. Peter Ipsen*，VVDStRL 10 (1966)，S. 75.

〔3〕　［德］哈特穆特·毛雷尔：《行政法学总论》，高家伟译，法律出版社2000年版，第105页。

立法机关应当尽量亲自制定法律，除非能证明由行政机关代为立法在技术性和灵活性等方面更为合理。根据 1954 年《宪法》对全国人大、全国人大常委会和国务院职权的规定，立法权只能由全国人大行使，全国人大常委会无权制定法律，国务院不能制定行政法规，只能"规定行政措施，发布决议和命令"。然而，在现代行政管理日益多样化、复杂化、专业化的情况下，任何问题都由全国人大制定法律进行规范不具备现实性。1982 年《宪法》拓展了立法权主体范围，全国人大及其常委会均可制定法律，并且为国务院增加了制定行政法规的职权，为国务院各部、各委员会增加了发布规章的职权。[1]

行政机关制定行政法规和部门规章是对法律的重要补充。社会生活日益复杂，立法者无法顾忌所有立法需求，对于重要性较低的事务，可以由行政法规和部门规章进行规定。1982 年《宪法》在赋予行政机关制定行政法规和部门规章的权力的同时，规定了行政法规和部门规章的制定都必须"根据法律"，[2]不得违背法律也不得超越法律。

立法机关授权行政机关代为立法首先必须在授权事项上满足重要性理论的要求，对于那些被认为特别重要的事项不得授权立法，对于重要性稍低的事项可以在具备授权明确性的条件下暂时授权行政机关代为立法，对于重要性更低的事项可以考虑完全由行政机关制定法规或规章。重要性理论在《立法法》中主要体现为第 11 条和第 12 条的规定。第 11 条规定了只能制定法律的事项，其中包含"基本经济制度以及财政、海关、金融和外贸的基本制度"。第 12 条是对第 11 条的例外规定："本法第十一条规定的事项尚未制定法律的，全国人民代表大会及其常务委员会有权作出决定，授权国务院可以根据实际需要，对其中的部分事项先制定行政法规，但是有关犯罪和刑罚、对公民政治权利的剥夺和限制人身自由的强制措施和处罚、司法制度等事项除外。"

据此可知，在我国《立法法》确定的立法事项的重要性级别中，有关犯罪和刑罚、对公民政治权利的剥夺和限制人身自由的强制措施和处罚、司法

---

〔1〕 刘松山：《国家立法三十年的回顾与展望》，载《中国法学》2009 年第 1 期，第 31~32 页。
〔2〕 1982 年《宪法》第 89 条、第 91 条。

制度等事项是重要性级别最高的，必须严格符合法律保留原则，立法者不得授权国务院代为制定。除上述涉及人身自由等事项的第 11 条规定的事项，重要性级别较高，原则上应当由立法者亲自规定，但在特殊情况下可以授权国务院暂时代为规定。立法机关出于立法资源和时间局限等原因，不得不暂时授权行政机关代为立法时，立法授权的合理性不足，这种授权只能是暂时性的，立法机关应当积极完善立法条件，并在条件具备时及时收回授权，亲自制定法律取代暂行的行政法规、规章。这也被《立法法》第 14 条所明确规定："授权立法事项，经过实践检验，制定法律的条件成熟时，由全国人民代表大会及其常务委员会及时制定法律。法律制定后，相应立法事项的授权终止。"

预算属于《立法法》第 11 条规定的"财政基本制度"，应当由立法者亲自制定。《预算法》制定于 1994 年，彼时我国的立法水平相对不成熟，立法机关的专业、经验、人力等方面都没有充分的保障，因此存在较多授权国务院制定预算具体规定的情况。然而，2011 年起，中国特色社会主义法律体系已经宣告形成。全国人大组织和工作制度不断完善，立法专业能力得到显著提升，立法机关积累了丰富的立法经验。另一方面，《预算法》从制定至今已有近三十年的时间，授权国务院规定的预算事务也已经过了充分的实践检验。符合《立法法》第 14 条规定的授权立法事项"经过实践检验，制定法律的条件成熟"的条件，应当由全国人大及其常委会及时制定法律，终止不规范的预算事项授权。

第三节　弥补立法缺失，完善法律不足

一、弥补立法缺失

预算领域的不规范授权终止后，立法机关应当及时制定专门法律，或者在《预算法》中增加相关事项的具体规定。具体来说，立法难度较大的、重要程度较高的事项应当制定专门的法律进行细致的规定，增加《预算法》条文难以覆盖所有必要的内容。最具专门立法必要性的当属政府举借债务和央

地财政收入分配及转移支付制度。

（一）政府举借债务的立法需求

在现代预算制度较为成熟的国家，政府举债从来都是法律的重点约束对象。在美国，政府举债上限受到《自由公债法》和《公共债务法》的共同约束。《反追加法》（1870 年）、《预算和审计法》（1921 年）、《国会预算与扣留控制法》（1974 年）、《平衡预算和紧急赤字控制法》（1985 年）等法律从原则、机构设置、程序等方面对政府举债进行规范的限制。1985 年通过的《政府债权法》对公债的发行和流通作出了专门规定。[1] 在日本，政府举借债务的法律规范也是由一系列法律共同构成的。《财政法》是日本的财政基本法，该法对国债发行的规定为中央政府举借债务提供了法律依据。《财政法》规定不得发行赤字公债弥补财政赤字，《特例公债法》应对大地震后的恢复生产需要等特殊情况，规定了特殊情况下发行赤字国债的限制条件。此外，还有《地方自治法》和《地方财政法》对地方公债作出规定，《政府债权法》等法律对公债的发行、流通等作出具体规定，《公债整理基金特别会计法》对公债偿还作出了规定，等等。[2]

在我国，政府举债规模日益扩大，政府举债成为越来越重要的宏观经济调控手段，然而，至今尚无关于政府举债的专门立法。政府举债涉及发行、使用、偿还、监管等环节，以及举债权力在人大和行政机关的配置，中央和地方举债权的划分，等等，专门制定一部政府债务法都难以在短时间内将所有政府举债问题涵盖于其中，在《预算法》中增加政府举债的规范规定则更不可行。政府举债每年都会发生，对法律规范存在迫切的现实需求，亟待立法者制定政府债务管理法对举债活动的大小事宜进行规范约束。

政府举债应当由立法者亲自制定法律规定，不得授权国务院代为制定。这是因为政府举借债务活动本身就存在着代际公平等诸多民主难题，即使由立法机关通过民主政治过程进行立法活动都可能存在与宪法原则不相符的可能性，遑论直接将举债立法权授予国务院。政府债务管理法本来就是主要约

---

〔1〕 杜仲霞：《公共债务法律制度研究》，法律出版社 2016 年版，第 56~60 页。

〔2〕 杜仲霞：《公共债务法律制度研究》，法律出版社 2016 年版，第 49~54 页。

束政府的内在扩张冲动,[1]限制政府在税收收入之外通过举债获得不适当的财政收入,由国务院制定可以决定自己举债空间的规范不利于对政府机关的规范。

(二) 央地财政收入分配及转移支付制度的立法需求

央地财政收入分配和事权划分不属于狭义预算管理的范畴,但却构成了预算民主的重要基础。央地财政收入分配及转移支付制度直接影响到中央和地方的财力。现实中很多预算问题的出现都由央地财权事权划分不合理所导致,如:曾经困扰我国多年的预算外行政性收费问题,地方政府在法定举债方式之外通过融资平台等渠道大额举债隐性债务,等等。地方财权小事权重,则会倾向于利用预算法律规定的不严谨之处,去创造更多不应被预算允许的财政收入和财政支出。《预算法》的完善不应当仅在出现严重现实问题以后,才针对某一具体问题修改预算规定。法律修改本身就具有较严重的滞后性,立法者应当总结现实中出现的严重预算问题的共性,探寻问题的根源所在,通过立法手段从根本上解决问题。

分税制是为了应对 20 世纪 90 年代初期现实问题的行政举措,其规范依据仅是国务院规范性文件,并非行政法规或法律。通过这一行政举措纠正当时中央收入不足的问题具有较高的效率,可以在较短时间内实现央地收入重新划分的目的。这一行政举措实际是中央政府出于对地方政府的上下级领导关系而作出的,下级政府服从上级政府的安排,在没有法律规定的情况下,不得不按此规定将地方收入上缴中央政府。在中央收入不足的问题得到解决后,本应由立法者及时对此行政规定进行完善,制定法律去规范央地财政收入划分问题,然而这一 1993 年制定的国务院规范性文件却仍然沿用至今。地方税收主要来源于当地的纳税人,按照《宪法》民主原则和《预算法》一级政府一级预算的原则,纳税人应当是税收收入的用途的决定者。即使我国的政治体制需要中央对地方的统一领导,也不应由中央政府决定地方收入上缴中央的比例,而应当由全体人民通过全国人民代表大会共同决定财政收

---

[1] 陈乃新:《经济法理性论纲——以剩余价值法权化为中心》,中国检察出版社 2004 年版,第 14 页。

入在中央和地方之间的分配。

央地财政收入划分与转移支付制度属于财政基本制度，按照《立法法》第 11 条的规定，也应当由全国人大或全国人大常委会制定法律。《立法法》制定于 2000 年，到 2014 年《预算法》修改之时已经生效了 14 年，但 2014 年《预算法》却仍未对央地财政收入划分和转移支付亲自作出规定。关于央地财政收入划分，新《预算法》完全沿用 1994 年旧法的规定——"国家实行中央和地方分税制"，并概括授权国务院规定"中央预算与地方预算有关收入和支出项目的划分、地方向中央上解收入、中央对地方税收返还或者转移支付的具体办法"。

立法者在央地财政收入划分与转移支付制度上的立法怠惰导致央地财权事权的不合理划分持续产生连锁反应。将中央与地方的财政分配权收归立法机关既是规范形式上的提升，也应是规范内容上的优化。具有宪法正当性的中央与地方的财政收支分配关系应当既能在实质上促进区域间的平衡，又能激发地方财政的活力。立法应科学界定央地财权与事权的范畴，使中央的财权和事权能够满足统一领导、宏观调控的需要，地方的财权和事权也能够满足地方的积极性和主动性需求。

二、完善当前预算法律规定的不足

2014 年《预算法》大幅修改后，我国的预算法律制度在预算理念、预算权配置、预算程序等方面取得明显进步，迈出了走向现代预算的重要一步。然而，预算法律规定在进步之余仍有较大完善空间，未来应当着力于完善当前预算规定的不足之处，并针对预算实践中出现的新问题作出新的立法回应。具体来说，《预算法》可主要从巩固人大预算核心地位，规范预算管理程序和保障人民的预算参与三方面进行完善。

（一）巩固人大的预算核心地位

权力机关对政府预算全方位的审查监督是现代预算人民主权的集中体现。[1]

---

[1] 朱大旗：《新〈预算法〉：着力加强人大对政府预算全方位的审查监督》，载《财经法学》2015 年第 6 期，第 43 页。

现代预算制度的建立和完善应当以巩固人大的核心地位为中心，廓清人大预算权力范围，优化人大审查监督预算的方式，规定人大行使预算权的法律后果，保障人民通过人大行使管理国家事务的民主权利。

1. 明确人大的预算修正权

《预算法》仅规定了人大行使预算审批权，却未规定人大审批预算的形式。从全国人大和地方各级人大审批预算的实践看来，目前人大审批预算采取的是全部肯定或全部否定的综合表决方式，即使人大代表在预算草案中发现了部分不合理的内容，目前人大审批预算的制度也不允许人大对预算草案中的部分问题进行修改，只能或者作出通过的决议，包容草案中的部分问题，或者作出否定的决议，因部分问题而连带否决草案中本可以通过的部分。预算修正权的阙如使得人大批准预算方式僵化，极易使预算审批停留在形式层面，虚化人大的民主核心地位。

《预算法》应当明确人大具有修改预算草案的权力。必要的修正权应当属于预算审批权的一部分。虽然预算编制由政府主导，但这并不全然排斥人大行使预算修正权。综观世界各国，几乎所有国家都允许议会对预算提出修正意见。[1] 赋予人大预算修正权不等于人大可以不受限制地对预算草案进行修改，《预算法》应当明确规定人大预算修正权的边界，尊重行政机关对预算草案的原初判断，不得破坏预算收支平衡。

2. 实现预算的分项审批

由于我国目前采取的是预算综合审批方式，人大批准预算的表决结果只有全部通过和全部否定两种形式。全部肯定预算，会使草案中某些存在问题的预算事项一起通过，《预算法》无法发挥真正的民主控权作用，人大审批极易流于形式；而全部否定预算则需要修改问题后再次审批全部预算，国家运转和人民生活在预算未通过的时间内会受到严重影响，预算效率过低。

事实上，预算审批的民主和效率并非不可兼顾，分项审批就是一个很好的解决方式。合格的预算可以及时通过人大审批而后下达，不影响相关财政

---

〔1〕 陈仪：《"激活"人大预算审批权力——评承德政府预算两遭人大驳回》，载《甘肃行政学院学报》2009 年第 4 期，第 27 页。

活动的正常开展，可以保证国家生活在整体上不受影响。人大仅否决不合格的预算，发回财政部门修改，而后再次针对修改情况作出表决。分项审批预算既能保障财政运行大局，也不会放任有问题的预算直接进入执行环节。

3. 人大否决预算的可能性及后果

《预算法》仅规定了经审批的预算成为政府执行的依据，却并未规定预算草案被人大否决的可能性和相应的后果。人大预算审批后果的缺失"实质上消解了人大预算审批否决权"。[1]《预算法》应当将预算被否决的法律后果与分项审批和人大预算修正权共同进行修改。预算被否决的后续处理应当基于分项审批和人大预算修正权的制度基础来制定。预算草案被否决后，应当退回本级政府，由政府对人大提出的问题进行处理后重新编制预算草案，根据完成处理的时间，决定提交人大或人大常委会再次审批。

（二）规范预算管理程序

1. 细化初步审查规定

预算初步审查制度对于弥补人大代表预算专业不足、人大会期偏短的制度缺陷具有重要作用。然而，《预算法》对中央和地方各级预算初步审查的主体规定并不一致，这需要结合人大组织制度的完善共同修改，在人大组织法明确要求各级人大均建立预算委员会后，《预算法》应当明确规定各级预算初步审查均由预算委员会负责。

在初步审查的实质内容方面，《预算法》应当进一步细化初步审查的对象、针对每个审查对象的重点审查内容、审查意见的效力、审查对象的责任主体对审查意见的处理及相关法律责任等相关规定。

在初步审查的程序方面，应当为保障初步审查实质效果而设定相应的程序保障，建议设置四个步骤：初步审查主体的提前介入、听取预算编制情况汇报、展开初步审查具体工作、提出初步审查意见，并且明确每一步骤中相关主体的职责。

2. 明确执行违法责任

预算一经审批通过即具有约束政府的法律效力，未列入预算的，政府不

---

[1] 汤喆峰：《预算审批制度的域外经验及其对我国的启示》，载《求索》2013年第6期，第202页。

得自行决定收入和支出。预算对政府的约束不应仅有原则性的约束，更应当明确而详细的规定政府违反预算的法律责任。我国《预算法》中虽然专章规定了预算法律责任，但在实践中也更多地沦为备而不用的条款，究其原因，在于政府预算行为可问责的观念没能在我国得到明确确立和广泛认同。[1]科学完备的预算法律责任体系的构建和便捷有效的责任实现机制的完善是实现预算法治的非常重要的环节。由于预算行为是否具有可诉性存在一定理论上的争议，因此，预算法律责任的追究具有一定的复杂性。然而，法律责任的复杂性并不能成为预算立法怠惰的理由，立法者应运用立法专业技能进行综合评估判断，及时完善预算执行违法责任的规定，使预算不仅能在原则上约束政府行为，更能够在后果上发挥约束作用。

3. 严控预算调整程序

预算调整发生于预算执行过程中。预算调整难度过大将导致预算执行僵化，出现现实情况客观变化超出预算计划时，也难以及时调整预算。预算调整过于随意则会导致预算对政府的约束力降低，政府在年中经由预算调整程序变更人大审批的预算内容。目前，由于《预算法》对确须进行预算调整的情况的规定不够细致，现实中，预算调整的发起随意性较强，而人大常委会的履职情况和专业能力等问题使得预算调整方案被否决的概率极低，预算调整成为各级政府"合法地不执行预算"的重要手段。预算调整的规范化应当以完善《预算法》的相关规定为起点，从源头上合理界定预算调整的范围，规范预算调整从发起到审批再到执行的全部程序，明确预算调整方案通过后的法律效力和不严格执行预算调整方案的法律责任。

4. 优化预算监督制度

预算的权力监督主要包括人大监督和审计监督。人大监督是根本监督，审计监督是服务于人大的专业监督。预算监督制度的优化应当以受托责任为原则，在人大监督与审计监督之间建立良好的工作衔接机制。保障审计机关与行政机关在审计业务上独立性，增强审计机关向人大负责审计工作的制度保障。

---

[1] 朱大旗、何遐祥：《预算法律责任探析》，载《法学家》2008 年第 5 期，第 95 页。

此外，预算监督还包括全体人民的监督。预算权来源于人民，一切预算活动都应当最终向人民负责，受人民监督。然而，预算主要由政府主导执行，人民监督预算存在信息不对称，为了弥补这种信息不对称，预算法应当健全预算公开制度，并为人民直接参与预算活动创造可能。

（三）保障人民的预算参与

1. 明确预算公开范围

公开透明的预算制度是人民充分参与预算监督的制度基础，公开是监督的前提，预算公开的程度直接影响人民的预算信息知情权和预算监督权。新《预算法》将"公开透明"明确写入立法目的，并且在第 14 条中明确规定了经批准的预算、预算调整、决算、预算执行情况的报告及报表都应当及时、全面公开。预算公开的唯一例外是涉及国家秘密的情况。可见，预算信息的公开应为常态，不公开为例外。预算公开的范围由不公开的例外事项所决定，目前《预算法》仅概括规定了预算公开的例外是"国家秘密"，而《保密法》等其他相关法律法规对于国家秘密的界定又非常模糊，有不当扩大国家秘密范围的倾向。事实上，在预算活动中，并非所有与国家秘密相关的预算信息都不得公开，公开预算会直接泄露国家秘密的才应当成为预算公开的例外。《预算法》不得将预算公开的范围决定权完全交由其他法律去界定，而应当亲自对预算公开的例外事项作出规定，从预算公开对国家秘密的影响程度来界定预算公开的范围。

2. 预算审查的公民参与

信息公开制度尚不能改变公众处于预算决策"外围"的境况，而开放式预算则是将所有决策置于公众、传媒和利益集团面前，并通过预算听证会、咨询会等形式分享他们的观点。[1]"参与式预算"的概念近些年来在我国也备受推崇，很多地方积极开展参与式预算改革尝试。笔者认为，虽然人民是预算权的主人，原则上可以参与到所有预算活动中来，但由于预算编制和预算执行的专业壁垒较高，人民直接参与的现实性不强。最适宜公众参与的预

---

〔1〕［美］爱伦·鲁宾：《公共预算中的政治：收入与支出，借贷与平衡》，叶娟丽等译，中国人民大学出版社 2001 年版，第 101 页。

算程序应当是最能体现民主决策价值的预算审批程序。很多国家都在法律中明确规定了预算审查的质询、询问、辩论、听证等程序性要求。如果预算法明确初步审查程序包括初步审查主体提前介入预算编制活动，那么在此环节即可引入公民参与。初步审查主体与预算编制主体针对预算编制过程中的问题进行探讨和协商的过程中，可以组织听证、公民自愿参与的咨询会等活动，及时了解民意。在初步审查听取预算编制情况汇报时，法律应当明确规定通过线上与线下相结合的方式，组织公民参与初步审查，并通过网络等渠道收集公民的意见，作为预算初步审查的重要参考。

结　论

　　预算制度是以预算法律为中心，辅之以预算行政立法和预算实践的整体制度。目前我国《预算法》主要是对预算内容、预算职权和预算活动的原则性规定，抽象程度较高，很多时候并不能直接指导预算实践活动。目前我国预算活动实体性与程序性的规定往往由国务院作出，很多规定的规范效力级别很低，甚至不是行政法规，只是行政规范性文件。政府是预算的主要约束对象，目前的预算活动规范却多数由政府自行制定，加剧了预算制度民主性的欠缺。预算制度的完善主要应当是预算制度民主性的提高，因此，以宪法民主原则为指导去分析预算制度的问题，进而提出完善建议，对于健全我国预算制度具有根本性的意义，而不是把视野局限于某一技术领域的零敲碎打、小修小补。

　　本书以宪法的民主原则为理论基础，在充分阐释预算民主控权本质的基础之上，按照预算权在人大、政府和人民等主体间的配置情况，分析当前预算制度中存在的民主问题。在人大方面，预算制度的不足主要体现为：人大组织制度、工作制度和议事规则不完善，无法保障人大充分行使预算审批权和预算监督权；人大审批预算的权力范围有待廓清、审查程序有待细化、批准形式和否决后果有待明确。这些问题极易导致人大的预算权力被虚置，预算的民主审批流于形式。在政府方面，预算制度的主要问题集中于政府预算职权能动空间过大，政府在举借债务、财政转移支付以及预算调整等预算事务上所受到的法律规范约束较少，行政权力有凌驾于人大之上的危险。在人民方面，人民是一切国家权力的来源，预算权也不例外。人大是人民行使预算权的重要渠道。除此之外，人民还可以通过预算监督与预算公开直接参与国家的预算事务。预算公开是人民获取预算信息，进而监督预算活动的重要前提，当前的预算制度中关于法定公开的范围并不明确，可例外不公开的解释随意性较大，影响人民的预算知情权和监督权。预算监督需要人大、政府和人民的共同配合，然而当前三者之间并不存在有效的衔接机制。在当前的预算制度下，审计监督是最重要的预算监督形式，而审计机关隶属于行政机关体系，监督的独立性受到掣肘。人大和人民在预算监督中尚未发挥应有的重要作用。

完善预算制度，增强预算民主，应当主要从人大制度和立法工作两个方面进行。人大是预算活动的中心，一方面代表人民，向人民负责，另一方面对接政府，约束行政。人大的组织制度、工作制度和议事规则是人大实际履行预算职权的制度保障，缺乏完善的人大制度，则无法真正实现人大的预算职权。在人大制度方面，应当在各级人大建立专门负责预算事务的专门委员会——预算委员会，协助预算审批工作；在人大常委会预算工作委员会内部设立审计工作小组，与审计机关进行预算监督工作的联动，提高人大的预算监督能力和地位；提前并延长人大会期，与预算年度实现时间上的衔接，避免审批前执行的预算民主问题。此外，还应当提高人大代表的预算专业水平，对人大代表进行必要的预算知识培训，使预算正式审批不仅具有形式意义，也逐渐发挥真正的民主决定作用。

在立法工作方面，预算法律制度的完善应当着眼于三个方面，即规范预算立法授权，弥补立法缺失，以及完善现有法律的不足。财政基本制度属于应由立法机关亲自制定的范畴，不得将本应由法律规定的事项授权给行政机关代为规定，在立法机关不具备立法的客观条件时，暂时授权行政机关代为制定预算相关规定应当符合授权立法的明确性和时间性等要求，在具备立法条件时及时收回授权，亲自制定法律。当前诸多重要预算活动尚未制定具体法律，如政府举债和央地财政收入分配及转移支付等。未来应当着力于弥补这些立法空白，为预算活动提供明确的法律依据，使行政机关的预算活动符合法律保留原则，避免行政越位。对于现有法律规定不清晰、不合理之处，应当尽早进行立法完善，巩固人大的预算核心地位，规范预算管理程序，拓宽人民的预算参与渠道，保障人民的预算权力主体地位。

参考文献

一、著作类

［1］AaronWildavsky, *The Politics of the Budgetary Process*, Little, Brown, 1964.

［2］Allen Schick, *Capacity to Budget*, The Urban Press, 1990.

［3］Inter-Parliamentary Union, *Parliaments of The World*, Gower Publishing Company Limited, 1986.

［4］Irene S Rubin, *The Politics of Public Budgeting：Getting and Spending, Borrowing and Balancing*（*4th*）, Chatham House Publishers of Seen Bridges Press, 1990.

［5］Paul Einzig, *The Control of Purse：Progress and Decline of Parliament's Financial Contral*, Secker & Warburg, 1959.

［6］Weiss Wolfgang, Privatisierung und Staatsaufgaben, Privatisierungsentscheidungen im Lichte einer grundrechtlichen Staatsaufgabenlehre unter dem Grundgesetz, Mohr Siebeck, 2000.

［7］William F. Willoughby, *The Movement for Budgetary Reform in the States*, D. Appleton & Co. , 1918.

［8］［德］哈特穆特·毛雷尔：《行政法学总论》，高家伟译，法律出版社 2000 年版。

［9］［德］汉斯·J. 沃尔夫等：《行政法》（第 1、2、3 卷），高家伟译，商务印书馆 2002 年版。

［10］［德］康拉德·黑塞：《联邦德国宪法纲要》，李辉译，商务印书馆 2007 年版。

［11］［德］马克斯·韦伯：《经济与社会》，林荣远译，商务印书馆 1997 年版。

［12］［德］格奥格·耶利内克：《主观公法权利体系》，曾韬、赵天书译，中国政法大学出版社 2012 年版。

［13］［法］邦雅曼·贡斯当：《古代人的自由与现代人的自由》，阎克文、刘满贵译，上

海人民出版社 2003 年版。

[14] [法] 卢梭:《社会契约论》,何兆武译,商务印书馆 1980 年版。

[15] [法] 卢梭:《社会契约论》,李平沤译,商务印书馆 2011 年版。

[16] [美] 艾伦·希克:《当代公共支出管理方法》,王卫星等译,经济管理出版社 2000 年版。

[17] [美] 爱伦·鲁宾:《公共预算中的政治:收入与支出,借贷与平衡》,叶娟丽等译,中国人民大学出版社 2001 年版。

[18] [美] 布坎南、瓦格纳:《赤字中的民主——凯恩斯勋爵的政治遗产》,刘廷安、罗光译,北京经济学院出版社 1988 年版。

[19] [美] 汉密尔顿等:《联邦党人文集》,程逢如等译,商务印书馆 1980 年版。

[20] [美] 汉娜·阿伦特:《论革命》,陈周旺译,译林出版社 2007 年版。

[21] [美] 约翰·克莱顿·托马斯:《公共决策中的公民参与:公共管理者的新技能与新策略》,孙柏瑛等译,中国人民大学出版社 2005 年版。

[22] [美] 约瑟夫·斯蒂格利茨:《公共财政》,纪沫、严焱、陈工文译,中国金融出版社 2009 年版。

[23] [美] 詹姆斯·M. 布坎南、里查德·A. 马斯格雷夫:《公共财政与公共选择:两种截然不同的国家观》,类承曜译,中国财政经济出版社 2001 年版。

[24] [美] 詹姆斯·M. 布坎南:《民主财政论:财政制度和个人选择》,穆怀朋译,商务印书馆 1993 年版。

[25] [美] 詹姆斯·M. 布坎南:《自由、市场和国家——20 世纪 80 年代的政治经济学》,吴良健、桑伍、曾获译,中国经济学院出版社 1988 年版。

[26] 蔡定剑:《民主是一种现代生活》,社会科学文献出版社 2010 年版。

[27] 蔡定剑:《宪法精解》,法律出版社 2006 年版。

[28] 陈慈阳:《宪法学》(下),元照出版公司 2004 年版。

[29] 陈乃新:《经济法理性论纲——以剩余价值权化为中心》,中国检察出版社 2004 年版。

[30] 邓研华:《预算改革的理想与现实:政治学的视角》,中国社会科学出版社 2017 年版。

[31] 杜仲霞:《公共债务法律制度研究》,法律出版社 2016 年版。

[32] 傅宏宇、张明媚:《预算法律问题国别研究》,中国法制出版社 2017 年版。

[33] 高培勇主编:《实行全口径预算管理》,中国财政经济出版社 2009 年版。

［34］葛克昌：《租税国的危机》，厦门大学出版社 2016 年版。

［35］谷成：《财政分权与中国税制改革研究》，北京师范大学出版社 2012 年版。

［36］李燕、肖鹏主编：《预算公开国际比较研究》，经济科学出版社 2016 年版。

［37］刘剑文、熊伟：《财政税收法》（第 5 版），法律出版社 2009 年版。

［38］刘剑文主编：《民主视野下的财政法治》，北京大学出版社 2006 年版。

［39］吕侠：《中国预算公开制度研究》，湖南师范大学出版社 2015 年版。

［40］马骏、谭君久、王浦劬主编：《走向"预算国家"：治理、民主和改革》，中央编译出版社 2011 年版。

［41］马骏等：《公共预算：比较研究》，中央编译出版社 2011 年版。

［42］全国人大常委会法制工作委员会、全国人大常委会预算工作委员会、中华人民共和国财政部编：《中华人民共和国预算法释义》，中国财政经济出版社 2015 年版。

［43］全国人大常委会法制工作委员会国家法室编著：《中华人民共和国保守国家秘密法解读》，中国法制出版社 2010 年版。

［44］审计署国际合作司编：《十国审计长谈国家审计》，中国时代经济出版社 2014 年版。

［45］孙开、彭健：《财政管理体制创新研究》，中国社会科学出版社 2004 年版。

［46］王金秀、陈志勇编著：《国家预算管理》（第 3 版），中国人民大学出版社 2013 年版。

［47］魏陆：《完善我国人大预算监督制度研究——把政府关进公共预算"笼子"里》，经济科学出版社 2014 年版。

［48］王绍光：《国家治理》，中国人民大学出版社 2014 年版。

［49］翁岳生编：《行政法》（上、下册），中国法制出版社 2002 年版。

［50］肖蔚云：《我国现行宪法的诞生》，北京大学出版社 1986 年版。

［51］杨肃昌：《中国国家审计：问题与改革》，中国财政经济出版社 2004 年版。

［52］张文显主编：《法理学》，法律出版社 2007 年版。

［53］张献勇：《预算权研究》，中国民主法制出版社 2008 年版。

［54］《马克思恩格斯全集》（第 1 卷），人民出版社 1995 年版。

二、论文类

［1］Dieter Birk, Das Haushaltsrecht in der bundesstaatlichen Finanzverfassung（Art. 109–115 GG），JA 1983.

［2］H. Peter Ipsen, VVDStRL 10（1966）．

［3］ Hermann Puender, Staatsverschuldung, in: Isensee/Kirchhof（Hrsg.）, Handbuch des Staatsrechts der Bundesrepublik Deutschland, Band V, Re – chtsquellen, Organisation, Finanzen, 3 Aufl., 2007.

［4］ Joachim Wehner, Assessing the Power of the Purse: An Index of Legislative Budget Institutions, *Political Studies*, Vol. 54: 4, （2006）.

［5］ Joseph Alois Schumpeter, Die Krise des Steuerstaats, 1918. Neudruck in: Goldscheid – Schumpeters' Die Finanzkrise des Steuerstaats, 1976.

［6］ Naomi Caiden, A New Perspective on Budgetary Reform, Australia Journal of Public Administration, Vol. 48: 1, （1989）.

［7］ Paul Posner and Chung–Keun Park, Role of the Legislature in the Budget Process: Recent Trends and Innovations, *OECD Journal on Budgeting*, Vol. 7: 3 （2007）.

［8］ Premchand A., Public Finance Accountability, in S. Schiavo – Campo. ed., *Governance, Corruption and Public Financial Management*, Asian Development Bank, 1999.

［9］ Renée A. Irvin and John Stansbury, Citizen Participation in Decision Making: Is It Worth the Effort?, *Public Administration Review*, Vol. 64: 1, （2010）.

［10］ Wolfgang Kahl, Einleitung: Nachhaltigkeit als Verbundbegriff, in: ders. （Hrsg.）, Nachhaltigkeit als Verbundbegriff, 2008.

［11］ 陈家刚:《参与式预算的理论与实践》, 载《经济社会体制比较》2007 年第 2 期。

［12］ 陈献东:《对审计本质的再认识: 监督工具论》, 载《财会月刊》2019 年第 9 期。

［13］ 陈仪:《"激活"人大预算审批权力——评承德政府预算两遭人大驳回》, 载《甘肃行政学院学报》2009 年第 4 期。

［14］ 陈征、刘馨宇:《健全党和国家监督体系: 审计监督与人大监督的衔接》, 载《中共中央党校（国家行政学院）学报》2020 年第 6 期。

［15］ 陈征:《党政机关合并合署与行政活动的合法化水平》, 载《法学评论》2019 年第 3 期。

［16］ 陈征:《德国预算原则、作用及理念》, 载《北京人大》2016 年第 4 期。

［17］ 陈征:《公共任务与国家任务》, 载《学术交流》2010 年第 4 期。

［18］ 陈征:《国家举借债务的宪法界限》, 载《政治与法律》2020 年第 10 期。

［19］ 陈征:《论我国预算原则的完善——以行政活动的民主合法性为视角》, 载《中共中央党校学报》2013 年第 4 期。

［20］ 陈征:《论行政法律行为对基本权利的事实损害——基于德国法的考察》, 载《环

球法律评论》2014 年第 3 期。

[21] 程国琴：《法治视域下参与式预算研究》，上海交通大学 2016 年博士学位论文。

[22] 程湘清：《完善人大会期制度》，载《法制日报》1998 年 10 月 29 日。

[23] 戴激涛：《协商民主在预算审议中的应用：立宪主义的视角》，载《中共天津市委党校学报》2010 年第 5 期。

[24] 冯素坤：《预算调整制度的演进与政府良治》，载《审计与经济研究》2017 年第2 期。

[25] 高培勇、中国社会科学院财经战略研究院课题组、张蕊：《完善预算体系　加快建立现代预算制度》，载《中国财政》2015 年第 1 期。

[26] 高培勇：《关注预决算偏离度》，载《涉外税务》2008 年第 1 期。

[27] 葛克昌：《租税国家界限》，载刘剑文主编：《财税法论丛》（第 9 卷），法律出版社2007 年版。

[28] 古炳玮：《各地人大加强预决算初步审查的探索与成效》，载《财政监督》2020 年第 14 期。

[29] 侯隽：《预算报告可读性有改进　但还是有代表看不懂》，载《中国经济周刊》2015 年第 10 期。

[30] 胡明：《我国预算调整的规范构成及其运行模式》，载《法学》2014 年第 11 期。

[31] 湖北省审计体制改革课题组：《我国国家审计体制改革研究》，载《湖北审计》2003 年第 9 期。

[32] 江庆：《分税制、转移支付与地方财政不均衡》，载《地方财政研究》2009 年第7 期。

[33] 蒋悟真：《中国预算法实施的现实路径》，载《中国社会科学》2014 年第 9 期。

[34] 焦建国：《重建预算制度：建立公共财政的根本途径》，载《社会科学辑刊》2000 年第 5 期。

[35] 黎江虹：《预算公开的实体法进路》，载《法商研究》2015 年第 1 期。

[36] 李林：《坚持和完善全国人大的会期制度》，载《当代法学》2004 年第 6 期。

[37] 李齐辉等：《试论我国审计制度的构建与创新》，载《审计研究》2001 年第 2 期。

[38] 李卫民：《预算初步审查与预算法修改》，载《人大研究》2013 年第 2 期。

[39] 李绪孚、刘成立：《国家审计与人大监督的耦合效应研究》，载《当代经济》2013 年第 21 期。

[40] 李燕：《我国全口径预算报告体系构建研究——制约和监督权力运行视角》，载

《财政研究》2014 年第 2 期。

[41] 李英：《预算调整研究：现状与未来》，载《江汉大学学报（社会科学版）》2016 年第 6 期。

[42] 林慕华：《中国"钱袋子"权力的突破：预算修正权》，载《甘肃政法学院学报》2009 年第 6 期。

[43] 刘光磊：《非税收入规范性条文分析——以湖南省立法实践为主的考察》，湘潭大学硕士 2014 年硕士学位论文。

[44] 刘剑文、陈立诚：《预算法修改：从"治民之法"到"治权之法"》，载《中国财政》2014 年第 18 期。

[45] 刘剑文、熊伟：《预算审批制度改革与中国预算法的完善》，载《法学家》2001 年第 6 期。

[46] 刘剑文、熊伟：《中国预算法的发展与完善刍议》，载《行政法学研究》2001 年第 4 期。

[47] 刘剑文、侯卓：《论预算公开的制度性突破与实现路径》，载《税务研究》2014 年第 11 期。

[48] 刘江宏：《论人大制度完善的价值取向与机制选择》，载《中共浙江省委党校学报》2007 年第 4 期。

[49] 刘开瑞：《各国国家审计模式的分析与中国审计模式的选择》，载《当代财经》1994 年第 7 期。

[50] 刘溶沧、焦国华：《地区间财政能力差异与转移支付制度创新》，载《财贸经济》2002 年第 6 期。

[51] 刘尚希：《分税制的是与非》，载《经济研究参考》2012 年第 7 期。

[52] 刘松山：《国家立法三十年的回顾与展望》，载《中国法学》2009 年第 1 期。

[53] 刘亚强、黄林芳：《改革审计管理体制　推动审计监督全覆盖》，载《财会学习》2019 年第 23 期。

[54] 刘怡达：《全国人大专门委员会的设置缘由与影响因素》，载《研究生法学》2019 年第 1 期。

[55] 柳砚涛、刘宏渭：《立法授权原则探析》，载《法学论坛》2004 年第 4 期。

[56] 马蔡琛：《国家预算、政府预算和公共预算的比较分析》，载《中国财政》2006 年第 2 期。

[57] 马国贤：《论预算绩效评价与绩效指标》，载《地方财政研究》2014 年第 3 期。

[58] 马骏:《公共预算原则:挑战与重构》,载《经济学家》2003年第3期。

[59] 马兰:《中国移动通信B分公司全面预算管理研究》,吉林大学2012年硕士学位论文。

[60] 缪国亮:《从财政预算审批谈人大制度改革》,载《人大研究》2013年第8期。

[61] 欧文汉:《公共支出管理的制度研究》,东北财经大学2005年博士学位论文。

[62] 彭健:《政府预算理论演进与制度创新》,东北财经大学2005年博士学位论文。

[63] 秦荣生:《公共受托经济责任理论与我国政府审计改革》,载《审计研究》2004年第6期。

[64] 孙展望:《法律保留与立法保留关系辨析——兼论立法法第8条可纳入法律保留范畴》,载《政法论坛》2011年第2期。

[65] 孙哲:《受托责任观下的财政审计改革研究》,中央财经大学2018年博士学位论文。

[66] 谭家康、钟钊麟:《乡镇人大设立常委会不妥》,载《人大研究》2003年第12期。

[67] 汤洁茵:《论预算审批权的规范与运作——基于法治建构的考量》,载《清华法学》2014年第5期。

[68] 汤喆峰:《我国预算制度的宪法性缺陷》,载《海峡法学》2013年第4期。

[69] 汤喆峰:《预算审批制度的域外经验及其对我国的启示》,载《求索》2013年第6期。

[70] 万姗姗:《预算民主原则研究》,华中师范大学2015年硕士学位论文。

[71] 王贵松:《行政法上不确定法律概念的具体化》,载《政治与法律》2016年第1期。

[72] 王海涛:《我国预算绩效管理改革研究》,财政部财政科学研究所2014年博士学位论文。

[73] 王金秀、何志浩:《财政"超收"现象探析》,载《统计与决策》2009年第8期。

[74] 王绍光、马骏:《走向"预算国家"——财政转型与国家建设》,载《公共行政评论》2008年第1期。

[75] 王绍光、王有强:《建立现代财政制度——兼谈农村"费改税"的思路》,载《税务研究》2001年第10期。

[76] 王淑杰、唐盟:《美国政府预算报告的镜鉴与引申》,载《中国财政》2018年第1期。

[77] 王秀芝:《从预算管理流程看我国政府预算管理改革》,载《财贸经济》2015年第12期。

[78] 王逸帅:《美国预算民主的制度变迁研究》,上海交通大学2009年博士学位论文。

［79］ 王银梅：《官僚预算最大化理论与财政超收问题探析》，载《财政研究》2012 年第 2 期。

［80］ 王雍君：《中国的预算改革：评述与展望》，载《经济社会体制比较》2008 年第 1 期。

［81］ 王泽彩：《预算绩效管理：新时代全面实施绩效管理的实现路径》，载《中国行政管理》2018 年第 4 期。

［82］ 魏陆：《人大应把政府关进公共预算"笼子"里》，载《人大研究》2011 年第 3 期。

［83］ 魏陆：《人大预算修正权困境研究》，载《社会科学》2014 年第 12 期。

［84］ 吴联生：《政府审计机构隶属关系评价模型——兼论我国政府审计机构隶属关系的改革》，载《审计研究》2002 年第 5 期。

［85］ 武彦民、李明雨：《公共选择：公共财政理论可操作化的必由之路》，载《财经论丛》2010 年第 2 期。

［86］ 肖鹏：《新中国成立 70 周年政府预算理论演变、制度改革与展望》，载《财政监督》2019 年第 19 期。

［87］ 熊伟：《财政法基本原则论纲》，载《中国法学》2004 年第 4 期。

［88］ 熊伟：《地方债与国家治理：基于法治财政的分析径路》，载《法学评论》2014 年第 2 期。

［89］ 熊伟：《分税制模式下地方财政自主权研究》，载《政法论丛》2019 年第 1 期。

［90］ 熊伟：《预算管理制度改革的法治之轨》，载《法商研究》2015 年第 1 期。

［91］ 徐曙娜：《谈〈预算法（修订草案）〉中"预算调整"的相关规定》，载《上海财经大学学报》2008 年第 3 期。

［92］ 许琼：《公共预算法学维度的考量》，湖南大学 2009 年硕士学位论文。

［93］ 闫海：《预算民主：预算审批权为中心的构建》，载《重庆社会科学》2007 年第 4 期。

［94］ 杨肃昌、肖泽忠：《试论中国国家审计"双轨制"体制改革》，载《审计与经济研究》2004 年第 1 期。

［95］ 杨肃昌：《改革审计管理体制 健全党和国家监督体系——基于十九大报告的思考》，载《财会月刊》2018 年第 1 期。

［96］《"专门委员会"与"工作委员会"》，载《人民之声》2018 年第 2 期。

［97］ 尹恒、康琳琳、王丽娟：《政府间转移支付的财力均等化效应——基于中国县级数据的研究》，载《管理世界》2007 年第 1 期。

[98] 尹平：《现行国家审计体制的利弊权衡与改革决择》，载《审计研究》2001 年第 4 期。

[99] 尹中卿：《三十年来中国人大组织制度不断健全》，载《中国人大》2008 年第 23 期。

[100] 余鹏峰：《社会保障预算法治化探究》，载《河北法学》2017 年第 2 期。

[101] 张守文：《预算监督、能力提升及其法律保障》，载《探索与争鸣》2015 年第 2 期。

[102] 张婉苏：《地方政府举债层级化合理配置研究》，载《政治与法律》2017 年第 2 期。

[103] 张学明：《深化公共预算改革 增强预算监督效果——关于浙江省温岭市参与式预算的实践与思考》，载《人大研究》2008 年第 11 期。

[104] 周飞舟：《分税制十年：制度及其影响》，载《中国社会科学》2006 年第 6 期。

[105] 周天勇、谷成：《中央与地方事务划分中的四大问题》，载《中国党政干部论坛》，2007 年第 11 期。

[106] 周志芬：《以协商民主创新社会治理》，载《科学社会主义》2014 年第 5 期。

[107] 朱大旗、何遐祥：《预算法律责任探析》，载《法学家》2008 年第 5 期。

[108] 朱大旗、李蕊：《论预算审批制度的完善——兼论我国〈预算法〉的修改》，载《当代法学》2013 年第 4 期。

[109] 朱大旗：《"实现公共需要最大化"》，载《中国改革》2010 年第 4 期。

[110] 朱大旗：《迈向公共财政：〈预算法修正案（二次审议稿）〉之评议》，载《中国法学》2013 年第 5 期。

[111] 朱大旗：《现代预算权体系中的人民主体地位》，载《现代法学》2015 年第 3 期。

[112] 朱大旗：《新〈预算法〉：着力加强人大对政府预算全方位的审查监督》，载《财经法学》2015 年第 6 期。

[113] 朱恒顺：《预算法修改应重点关注几个问题》，载《学习时报》2012 年 2 月 6 日。

[114] 庄恩岳：《国际惯例与模式选择（一）国家审计的立法模式》，载《当代审计》1995 年第 1 期。

[115] 庄恩岳：《国际惯例与模式选择（二）国家审计的司法模式》，载《当代审计》1995 年第 3 期。

[116] 庄恩岳：《国际惯例与模式选择（四）国家审计的其他模式》，载《当代审计》1995 年第 5 期。